Die Rolle der Balkankonflikte vor dem Ausbruch des Ersten Weltkriegs: Vom Scheitern der europäischen Krisenpolitik in Europa am Vorabend der Katastrophe.

James Evers

23. Februar 2021

1. Einleitung

Am Anfang jedes Krieges steht ein unüberwindbarer Konflikt zwischen Völkern oder Nationen. Leider kommt das heute noch zu oft vor. Wenn aber als Folge eines bewaffneten Konflikts, die totale Vernichtung einer ganzen Zivilisation droht, zögern oft die Verantwortlichen bevor sie ihre Armeen in die Schlacht schicken. Wenn eine Seite glaubt eine überwältigen Machtvorteil ihrem Gegner gegenüber zu besitzen, fehlt oft die Zurückhaltung der Generäle des Landes. Vor dem Ersten Weltkrieg glaubten die deutschen und österreichischen Generäle, leichte Beute an Ihren Grenzen im Osten und Westen zu finden. Die deutschen Generäle drängten dann die deutsche Reichsleitung leichtfertig zum Angriff. Sie haben sich aber bezüglich der Kräfteverhältnisse verschätzt und daraus folgte genau die Zerstörung einer Gesellschaftsordnung, die die Verantwortlichen mit dem Krieg verhindern wollten.

1.1 Anhaltende Diskussion über Gründe für den 1. Weltkrieg

Über die Verantwortung und, im weiteren Verlauf, über die Ursachen für den Ausbruch des Ersten Weltkriegs haben Staatenlenker_innen, Militärs, Historiker_innen, Öffentlichkeit und Presse in allen beteiligten Staaten seit mehr als 105 Jahren gestritten. Das Thema bleibt für Historiker_innen im Jahr 2020 aktuell. So stellt bspw. der britische Osteuropahistoriker Dominic Lieven in seinem 2015 erschienenen Buch *Towards the Flame* im Hinblick auf die Ursachen des Ersten Weltkriegs Folgendes fest:

> „The main reason for the First World War was the conflict of interests, fears and ambition created by the decline of the Ottoman and Austrian empires."[1]

1.2 The Decline of the Empires

Hatte im ausgehenden 19. Jahrhundert noch das Osmanische Reich den europäischen Großmächten als der „kranke Mann"[2] in Europa gegolten, übernahmen die Habsburger als Herrscher über das Kaiserreich Österreich-Ungarn nach dem zweiten Balkankrieg (1913) selbst diese Rolle: Die Männer um Kaiser Franz Joseph litten an einer übersteigerten Angst vor dem Untergang der Habsburgischen Dynastie und ihrer Welt. Die Slawen und andere Volksgruppen innerhalb der Grenzen des Kaiserreichs forderten Souveränität und stellten die Legitimität der Herrschaftsansprüche durch die Monarchie in Frage. 1914 traf Kaiser Franz Joseph dann schließlich die fatale Entscheidung, einen Krieg gegen Serbien zu beginnen.

Die Angst vor der Entmachtung war nicht neu für den Kaiser. Schon 1866 hatten Franz-Joseph und seine Staatsmänner die gleiche Angst vor der italienischen Freiheitsbewegung verspürt. Diese Tatsache beschreibt der US-amerikanische Militärhistoriker Geoffrey Wawro in seinem Artikel „The Habsburg Flucht nach vorne in 1866: Domestic Political Origins of the Austro-Prussian War" in der *International History Review*:

> „An Austrian brigadier in Verona, General Karl Moering, noted that Venetia's underground 'revolutionary party' had laid in 20,000 rifles and

---

[1] Lieven, Dominic: *Towards the Flame. Empire, War and the End of Tsarist Russia*, London 2015, S. 366
[2] Albertini, Luigi: *The Origins of the War 1914. Volume I. European Relations from the Congress of Berlin to the Eve of the Sarajevo Murder*, S. 2 sowie auch bei Geiss, Imanuel: *Julikrise und Kriegsausbruch 1914. Eine Dokumentensammlung*, Bd. l. (2. verb. Aufl.), Bonn-Bad Godesberg, 1976, *Nr. 138 Geschäftsträger Schoen an Hertling, Berlin, den 18. Juli 1914*, S. 213

2,000 bombs for a massive insurrection. In the coming Austro-Italian war, he wrote a colleague in Vienna, 'we will have an Italian army three times larger than ours along our front, and in our rear we will be menaced by hunger, rifles, bombs, and daggers.'

For all of its defects, the new Italian nation - state, which bounded Austria to the south and west, exerted unremitting political and psychological pressure on Habsburg Venetia. This is why most Austrian officers and statesmen called for war in 1866, for only by destroying national Italy could Austria hope to maintain and legitimize its hold on Venetia in the long term." [3]

Im Jahr 1914 war man in Wien wiederum weitgehend überzeugt, einen Verteidigungskrieg um den Erhalt der Doppelmonarchie führen zu müssen.

Österreich-Ungarn war mit der Mobilisierung seiner Armee in dieser Zeit unter den Staaten nicht allein. Letztendlich waren es aber Deutschland und Österreich-Ungarn, die zuerst losschlugen. Die deutsche Führung proklamierte in diesem Zusammenhang später die „Nibelungentreue" Deutschlands, zu Österreich-Ungarn. Der 5. Juli 1914 wurde zu einem Wendepunkt in der Geschichte Europas, als der deutsche Kaiser Wilhelm II. einen „Blankoscheck" für die Unterstützung im Krieg gegen Serbien an Kaiser Franz-Joseph ausstellte. Österreich-Ungarn hätte sich ein weiteres Mal für eine diplomatische Lösung, anstelle der militärischen, entscheiden können. Damit wäre die Chance auf langfristig friedliche Verhältnisse am Balkan erhalten geblieben. Der Frieden auf dem Balkan kann als instabiler Grundstein im Gebäude eines möglichen friedlichen Europas im 20. Jahrhundert versinnbildlicht werden. Der Verlauf der Geschichte zeigte, dass dieser Grundstein das Gebäude des europäischen Friedens nicht zu tragen vermochte. Der resultierende Einsturz ging von der Südostecke Europas aus und führte schließlich zum Verlust der Gesamtstabilität, welche den Frieden seit 1871 bewahrt hatte.

---

[3] Wawro, Geoffrey: *The Habsburg Flucht nach vorne in 1866: Domestic Political Origins of the Austro-Prussian War*, in: *The International History Review*, Jahrg. 1995, Band 17, Nr 2, S. 221-248

Die Frage stellt sich, warum Deutschland sich so angeblich bedingungslos hinter die österreichischen Kriegsanstrengungen stellte? Wieso behaupteten die Deutschen damals die absolute Notwendigkeit einer kriegerischen Unterstützung der Habsburger Monarchie und verzichteten auf alternative Möglichkeiten der Unterstützung; wie bspw. auf die Bemühung um eine diplomatische Lösung?

Die Antwort lautet: Die imperialistische Krisenpolitik alter Ordnung war „mit ihrem Latein am Ende". Die „Balkanfrage" sollte sich als unlösbar nach traditionellem Verfahren herausstellen. Die Großmächte versagten beim Erhalt des Friedens. Über die Jahre vom Berliner Kongress bis zum Kriegsausbruch mit denen sich diese Arbeit befasst, entwickelten sich vor allem zwischen Österreich-Ungarn und Russland immer größer werdende Feindseligkeiten.

Diese Arbeit wird aufzeigen, dass es die Veränderungsprozesse in und um das ehemalige Herrschaftsgebiet des Osmanischen Reiches waren, welche die Strategien und Werkzeuge des Imperialismus an deren Grenzen brachten.

1.3 Interests, Fears and Ambition

Sir Christopher Clark, seit 2014 Regius Professor für Geschichte an der Universität von Cambridge in England, sieht den Balkan als Zentrum für die Entstehung des Ersten Weltkriegs[4]. Clark hat einen großen Teil seines 2012 erschienen Buches, *The Sleepwalkers. How Europe went to War in 1914*, der Vorgeschichte des Ersten Weltkriegs im Allgemeinen sowie der Bedeutung der Balkankriege für den Ausbruch des Großkrieges in Europa im Besonderen gewidmet. In allen drei Teilen seines Werkes legt Clark den Hauptfokus auf den Balkan.[5] Dort stritten die Großmächte heftig über das europäische Erbe des Osmanischen Reiches: In Südosteuropa waren seit dem Untergang des alten Byzantinischen Reiches immer wieder Kriege ausgebrochen. Seit dem fast gleichzeitigen Aufkommen der Habsburgischen Dynastie und des Osmanischen

---

[4]Vgl. Clark, Christopher: *The Sleepwalkers. How Europe went to War in 1914*, London, 2012
[5]Siehe: Table of Contents bei Clark, Christopher M.: *The Sleepwalkers. How Europe Went to War in 1914*, London
2012: Vier große Abschnitte seines Buches über den Ausbruch des Ersten Weltkrieges sind dem Balkan gewidmet, der gesamte erste Teil „Roads to Sarajevo", das 5. Kapitel des zweiten Teiles „Balkan Entanglements", ein Teil des 6. Kapitels des zweiten Teils „The Balkan Inception Scenario" sowie der gesamte dritte Teil „Crisis".

Reiches markierte Südosteuropa die Grenze dieser beiden Reiche und wurde immer wieder zum Schauplatz kriegerischer Auseinandersetzungen.

Spätestens mit dem 1. Russisch-Türkischen Krieg 1676 wurde auch Russland in diese Auseinandersetzungen hineingezogen. Die ungelöste Frage, welches Reich auf dem Balkan obsiegen würde und der Kampf der großen imperialistischen Machthaber, den Habsburgern, den Osmanen und den Romanows um den stärksten Einfluss auf dem Balkan, verzögerte den Übergang der Balkanregion aus der vormodernen Zeit dynastischer Herrschaft in die moderne Zeit der parlamentarischen Demokratien.

1.4 Imperialistische Krisenpolitik scheitert an der Nationalstaatsidee

Die blutige Blüte der neuen Staatsform des Nationalstaats begann im Westen mit der Französischen Revolution. Diese Zeit blieb also von Kriegen nicht verschont, aber sie führte zu einer gewissen Stabilität und Modernität in Westeuropa. Auf dem Balkan war es unter anderem diese europäische Idee vom Nationalstaat, welche den Untergang der Habsburger Dynastie, das Ende der Romanov-Dynastie und den Kollaps des monarchischen Prinzips in Deutschland bedingte. Das Osmanische Reich hatte zwar faktisch im 19. Jahrhundert noch große Teile der Balkanhalbinsel unter seiner Kontrolle. Es mangelte ihm jedoch offensichtlich an integrativer Kraft, sodass in seinen Territorien auf dem Balkan mit der Zeit ein Machtvakuum entstanden war. Die dort ansässigen Volksgruppen, allen voran die Serben, strebten nach Unabhängigkeit. Das Selbstverständnis der alten imperialistischen Großmächte machte es ihnen unmöglich, den Zeichen der Zeit ins Auge zu sehen. In einem Versuch die Tradition der Herrschaft über ihre Vielvölkerstaaten fortzusetzen meinte man, die Balkanvölker und ihre jeweiligen Forderungen und Ambitionen wie gewohnt als Spielbälle in den Verhandlungen der Großmächte einsetzen zu können. Es kam zu Aufständen und Krieg zwischen den Ländern auf dem Balkan. Der Drang nach Selbstbestimmung und Freiheit ließ jedoch nicht nach. Der Erste Weltkrieg war ein globales Ereignis, dessen Ursprung in dieser Unruhe in Südosteuropa gesucht werden kann. Der Verfall des Osmanischen

Reiches brachte das Gleichgewicht zwischen den europäischen Mächten durcheinander.

Die europäischen Großmächte konnten sich nicht auf eine gemeinsame Position zu den, in ihren Augen, wünschenswerten Machtverhältnissen auf dem Balkan einigen. Durch die Einmischung der Großmächte in Südosteuropa wurde jedoch der friedliche Übergang der Balkanländer in die Moderne verzögert und verwehrt. Für die europäischen Großmächte waren die Belange der auf dem Balkan lebenden Völker nicht von vordergründigem Interesse. Bis zum Ersten Weltkrieg wurden die Geschicke des Balkans sehr stark und vorrangig im Sinne der Großmächte und deren Eigeninteressen an Macht und Prestigefragen gelenkt. Die „Balkan entanglements"[6] der Großmächte verhinderten auf der südosteuropäischen Halbinsel Frieden und Fortschritt. Stattdessen mündete die Geschichte gemäß dem Hobbesschen Prinzip, „bellum omnium contra omnes", trotz der zwei vereinten Blöcke in Europa, 1914 in einen Krieg „aller gegen alle". Der Weg zu einer friedlichen Lösung sollte lang werden.

1.5 Stand der Forschung

Das Konfliktpotenzial auf dem Balkan war für den Ausbruch des Ersten Weltkriegs in der Tat entscheidend. Jürgen Angelow hat sich in seinen beiden Werken *Der Erste Weltkrieg auf dem Balkan. Perspektiven der Forschung* und *Der Weg in die Urkatastrophe. Der Zerfall des alten Europa 1900 – 1914* mit dem Ersten Weltkrieg befasst und stellt Folgendes fest:

> „Es war kein Zufall, dass die entscheidenden Impulse für seinen Ausbruch gerade auf dem »Balkan« gegeben wurden, der sich als dynamischer und unberechenbarer Faktor mit besonders kriegerischen kulturellen Prägungen[7] und damit als »Achillesferse« des europäischen Staatensystems darstellte."[8]

---

[6]Jelavich, Barbara: *Russia's Balkan entanglements 1806 – 1914*, Cambridge, 1991

[7] Randbemerkung: An dieser Stelle muss allerdings kritisch hinterfragt werden, ob Angelow in der Wahl dieser Formulierung von der „besonders kriegerischen kulturellen Prägung" eine ausreichend kritische Distanz zu den von ihm rezipierten Quellentexten einhält.

[8] Angelow, Jürgen (Hrsg.): *Der Erste Weltkrieg auf dem Balkan. Perspektiven der Forschung*, Berlin-Brandenburg, 2011, S.7

Laut Angelow war der Balkan im Jahr 1914 nicht länger eine Randzone Europas, die man mit Desinteresse betrachtete, sondern ein hart umkämpfter Expansionsraum für Russland, Deutschland und Österreich-Ungarn.[9]

Auch in der neueren Forschung zum europäischen Imperialismus und zum Ersten Weltkrieg findet der Balkanraum bei der Analyse des europäischen Staatensystems immer stärkere Beachtung. Dominic Lieven sieht die Aktivitäten Österreich-Ungarns auf dem Balkan im Vorfeld des Krieges, als Ausdruck imperialistischer Bestrebungen, welche den zeitgenössischen imperialistischen Bestrebungen der üblichen Großmächte anderswo auf der Erdkugel vergleichbar gewesen seien.[10] Die österreichisch-ungarischen Bestrebungen seien aber [für den Frieden in Europa, Anm. d. V.] brisanter und gefährlicher gewesen, als die überseeischen kolonialen Bestrebungen anderer europäischer Großmächte. Denn der Balkan gehörte unmittelbar zum Einflussbereich Russlands und dieser Einfluss auf dem Balkan war, aus damaliger Sicht der russischen Führung, unverzichtbar. Daher steigerte sich der Konflikt im Jahr 1914 zu einem Überlebenskampf zwischen den Kontrahenten. Hinzu kamen die Streitigkeiten um die Ukraine, welche die Feindseligkeiten und Spannungen zwischen Russland und Österreich-Ungarn zusätzlich intensivierten und es weiter erschwerten, eine Einigung bzgl. der Machtfrage auf dem Balkan zu erreichen. [11]

Lieven sieht gerade in dem wachsenden Konflikt zwischen dem Imperialismus der alten Großmächte und dem aufkommenden Nationalismus das Dilemma für den modernen Imperialismus. Bei den europäischen Großmächten habe sich ein Gefühl der Ausweglosigkeit ausgebreitet. Daher verortet Lieven die Ursachen für den Ersten Weltkrieg auf dem Balkan; genauer gesagt in der Stellung Südosteuropas innerhalb der konfliktreichen Außenpolitik der

---

[9]Vgl. Angelow, Jürgen: *Der Weg in die Urkatastrophe. Der Zerfall des alten Europa 1900 – 1914*, Berlin-Brandenburg, 2010, S.62

[10] Lieven, Dominic: *Towards The Flame. Empire, War and the End of Tsarist Russia*, London, 2016, S. 6 ff

[11] Lieven, Dominic, *Towards The Flame. Empire, War and the End of Tsarist Russia*, London, 2016, S.7, Laut Lieven war der Streit über die Ukraine sehr wichtig: "For some of Russia's most perceptive and influential observers in 1914, this source of Austro-Russian conflict was much more important than anything that happened in the Balkans."

Großmächte, sowie in den rasant zunehmenden wirtschaftlichen und politischen Spannungen dieser Region, in der zweiten Hälfte des 19. Jahrhunderts.[12]

Der unmittelbare Auslöser des Krieges war Kaiser Franz Josephs' Versuch, Serbien als Machtfaktor am Balkan auszuschalten.[13] Der Professor für Politikwissenschaft an der Universität von Kalifornien in den Vereinigten Staaten von Amerika, Marc Trachtenberg zitiert den zeitgenössischen französischen Historiker Elie Halévy, der 1929 die Meinung seiner Zeit genau festhält. Der Erste Weltkrieg habe sich tatsächlich an den ungelösten geopolitischen Fragen Europas auf dem Balkan entzündet:

> „But everyone knew, who chose to know, that, whenever Austria declared war upon Serbia, Pan-Slavist sentiment would become too strong for any Russian government to resist its pressure. Everyone knew, who chose to know, that whenever Russia gave so much as a sign of declaring war upon Austria, Pan-German feelings would compel the German government to enter the lists in turn. It was likewise common knowledge that Germany, whenever she declared war upon Russia, was resolved not to tolerate the existence in the west of an army that was after all the second best army in Europe; that she would first march upon Paris and annihilate France as a military power, before rushing to back to the east, and settling matters with Russia."[14]

Angesichts der mit Sicherheit zu erwartenden russischen Gegenreaktion auf einen Angriff Österreich-Ungarns gegen Serbien, hätte man in Wien und Berlin erwarten können, dass die Aktion nur den großen Krieg hervorrufen konnte. Damit war die Möglichkeit der lokalen Begrenzung des Konflikts von vornherein ausgeschlossen. Es war vorauszusehen, dass bei den herrschenden internationalen politischen Verhältnissen, mit ihren zahlreichen wechselseitigen Bündnissen, in einen Krieg gegen Serbien nicht nur Russland, sondern auch Frankreich und England sich einzugreifen genötigt sehen würden.

---

[12]Vgl. Lieven, Dominic, *Towards The Flame. Empire, War and the End of Tsarist Russia*, London, 2016, S. 10

[13] Vgl. *Diplomatische Aktenstücke zur Vorgeschichte des Krieges 1914. Herausgegeben vom Staatsamt für Äußeres in Wien, Erster Teil, 28. Juni bis 23. Juli 1914*, Berlin, 1922, *Handschreiben Kaiser und König Franz Josephs an Kaiser Wilhelm, 2. Juli 1914*, S. 3

[14] So zitiert bei Bischof, Günter (Hrsg.): *1914: Austria-Hungary, the origins, and the first year of World War I.*, New Orleans, L.A.., Innsbruck., 2014, *Contemporary Austrian studies*, Bd. 23, Preface xiii

Der schweizer Historiker Adolf Gasser weist dem Balkan ebenfalls eine kritische Rolle für die Erhaltung des Friedens in Europa vor 1914 zu:

> „Während in den direkten Grenzbereichen der Grossmächte der Gleichgewichtszustand kaum ernstlich gefährdet schien - trotz Elsass-Lothringen, Triest und Trient -, war dagegen die Balkanhalbinsel eine Zone äusserster politischer Labilität und damit ein Krisenherd erster Ordnung geblieben. Jedes Hinübergleiten jenes Spannungsherdes in die Machtsphäre einer einzigen Grossmacht musste zwangsläufig das europäische Gleichgewicht wie den europäischen Frieden zerstören. Denn hier ging es immer auch zugleich um zentrale Brennpunkte und Schlüsselstellungen im europäischen Kräftefeld: um die türkischen Meerengen (Bosporus und Dardanellen), um die ägäischen Häfen und damit um die Vorherrschaft im Mittelmeer. ‚Balkan' bedeutete in erster Linie immer Konstantinopel."[15]

Der zeitgenössische österreichische Politiker und Journalist Heinrich Kanner stellt in seiner Untersuchung der Balkanpolitik Österreich-Ungarns den Vergleich mit einem Pulvermagazin neben einem Wohnhaus her: Das Feuer sei zuerst im Wohnhaus Balkan ausgebrochen und dann auf das Pulvermagazin der Großmächte übergesprungen.

> „Tatsache aber ist, daß sich der Weltkrieg im Juli 1914 nicht auf jener Seite entzündet hat, wo die größeren Konflikte lagen, auf der deutschen, sondern auf der an sich minder gefährlichen, der österreichisch-ungarischen Seite."[16]

Kanner meint, dass wenn man bei der Suche nach der auslösenden Ursache die Rolle der Großmächte zum Ausgangspunkt nähme und nicht auf den Balkan schaue, wo das „Feuer" tatsächlich ausgebrochen sei, man fälschlicherweise zu einem Schluss käme, der nicht mit den tatsächlichen Ereignissen im Einklang stünde. Größere Konflikte waren durch die Politik Deutschlands und die der

---

[15] Gasser, Adolf: *Preussischer Militärgeist und Kriegsentfesslung 1914*, Frankfurt am Main 1985, S. 18
[16] Kanner, Heinrich: *Kaiserliche Katastrophenpolitik,: ein Stück zeitgenössischer Geschichte*, Leipzig 1922, S. IX

anderen Großmächte immer wieder entstanden. Aber sie hatten nicht zwangsläufig zum großen Brand geführt.[17]

Die Spannungen in der Außenpolitik der am Krieg beteiligten Nationen in Südosteuropa haben zum großen Showdown auf dem Balkan geführt. Daraufhin kam es zum bis dahin vermiedenen Krieg auf dem Kontinent Europa.

Der Erste Weltkrieg wurde nicht zufällig durch die Rivalitäten zwischen Russland und Österreich-Ungarn ausgelöst. Es gab keine territorialen Streitigkeiten oder gravierenden Völkerfeindseligkeiten in Westeuropa, die bis dato einen neuen Krieg direkt veranlasst hatten. Es gab Spannungen, Misstrauen und Ängste. Aber viele Historiker_innen und Journalistinn_en haben besonders anlässlich des kürzlichen 100. Jahrestags des Ersten Weltkriegs festgestellt, dass die gravierenden Spannungen, Ängste und das Misstrauen mit der Zeit auch ohne Krieg hätten abgebaut werden können.[18]

In den bisherigen Ausführungen ist die Problemstellung welche den Ausgangspunkt für die vorliegende Master-Abschlussarbeit bildete, vorgestellt worden. Abschließend sind einige Perspektiven aus der Forschung auf die Thematik zur Untermauerung der Relevanz der Forschungsfrage dieser Arbeit in Ansätzen nachgezeichnet worden.

1.6 Fragestellung: Bedeutung des Balkans für den Kriegsausbruch

Das Spannungsfeld der hier vorgelegten Untersuchung bildet die internationale Politik der europäischen Großmächte im Zeitraum 1878 bis 1914. Dabei wird der Schwerpunkt auf die Außenpolitik Russlands und Österreich-Ungarns im südosteuropäischen Raum gelegt, sowie auf deren Versuche die „Lösung der Orientalischen Frage" zu finden. Eine vertiefte Auseinandersetzung mit den Folgen des Verlusts von Gleichgewicht und der Entstehung der neuen

---

[17] Kanner, Heinrich: *Kaiserliche Katastrophenpolitik: ein Stück zeitgenössischer Geschichte*, Leipzig 1922, S. X
[18] Siehe Afflerbach, Holger u. Stevenson, David: *An Improbable War? The Outbreak of World War I and European Political Culture before 1914*, New York, 2007. In der Literatur wird erwähnt, dass es gerade 1914 Zeichen der Entspannung gegeben hat und sich kurzfristig bessere Beziehungen zwischen den an dem Krieg beteiligten Großmächten anzubahnen schienen. Siehe auch Clark: *Sleepwalkers*, S. 363-364

Balkanländer mit verändertem Status, sowie dem dadurch erzwungenen Rückzug des Osmanischen Reiches aus Europa, kann ein besseres Verständnis für die historischen politischen, wirtschaftlichen und kulturellen Vorbedingungen für den Ausbruch des Ersten Weltkrieges bringen. Trotz oder gerade aufgrund der großen Menge an historischen Quellen welche die damalige Zeit dokumentieren, gibt es in den Diskussionen über die Ursachen des Ersten Weltkriegs unter den Historiker_innen in der Literatur kaum endgültige Antworten, sondern stattdessen zahlreiche Kontroversen. Der Erste Weltkrieg markiert das Ende des Langen 19. Jahrhunderts und ist deshalb zentraler Bestandteil des Master-Studiengangs „Europäische Moderne: Geschichte und Literatur". Diese Master-Arbeit befasst sich mit den wichtigsten Entwicklungslinien des österreichisch-serbischen Konflikts innerhalb der Spannungen auf dem Balkan und ihrer Bedeutung für den Frieden in Europa. Um diese Fragen zu beantworten, werden in dieser Arbeit die Ergebnisse des Berliner Kongresses von 1878, die wirtschaftlichen Verhältnisse in der Region seit dem Kongress und auch die geopolitischen Interessen der europäischen Großmächte auf dem Balkan in den Fokus genommen. Dabei liegt der Fokus auf der imperialistischen Politik Österreich-Ungarns, Russlands und Deutschlands, welche auf der Balkanhalbinsel gegeneinander ausgerichtet war. Die Entwicklungslinien, welchen in dieser Arbeit nachgespürt werden sind somit:

- Russlands Verlangen nach Kontrolle über die Meeresengen des Bosporus und der Dardanellen

- Deutsche wirtschaftliche Begehrlichkeiten auf dem Balkan

- Österreich-Ungarns Kampf um den Erhalt seines Großmachtsstatus

- Uneinigkeit unter den Großmächten über eine Friedenspolitik auf dem Balkan

- Fortschreitende Verdrängung des schrumpfenden Osmanischen Reiches aus Südosteuropa

- Die Okkupation und Annexion von Bosnien und Herzegowina durch Österreich

- Versuchte Kooperation zwischen Russland und Österreich-Ungarn mit dem Ziel, die Türkei zu Reformen auf dem Gebiet des türkischen Mazedonien zu zwingen

Diese Aufzählung stößt meine Leserschaft bereits auf eine der großen Schwierigkeiten bei einer Auseinandersetzung mit dem Thema seit jeher, welche in dessen immenser Komplexität besteht. Entsprechend gilt es, die Fragestellung in besonderem Maße einzugrenzen, da bereits die Dichte des Materials zum Kriegsausbruch allein dermaßen hoch ist. Ziel dieser Arbeit ist es, aufgrund einer entsprechend sorgfältig getroffenen Auswahl aus der vorhandenen Literatur und den Quellen zum Ausbruch des Ersten Weltkriegs, die Bedeutung des Balkans für den Ausbruch des Ersten Weltkriegs zu untersuchen. Zu diesem Zweck werden in dieser Abschlussarbeit die Konflikte der europäischen Großmächte über die Machtverteilung in Südosteuropa am Ende des 19. Jahrhunderts und deren imperialistisch ausgerichtete Krisenpolitik untersucht. Es gelang den Großmächten damals nicht, ihre Konflikte friedlich zu klären. Stattdessen gipfelten diese im Krieg. Aus dem Konflikt Österreich-Ungarns mit den Serben wurde ein Krieg Deutschlands gegen Frankreich, Russland und England. Die hier vorgelegte Arbeit stellt erneut die Frage, warum die große Katastrophe der europäischen Zivilisation auf der Balkanhalbinsel begann; wie Bismarck es angeblich prophezeit hatte? Die Herrschaft über diese Region blieb bis zum Ersten Weltkrieg umstritten. Der zeitgenössische britische Historiker Robert Seton-Watson hat sich über den Stellenwert des Balkans für den Ausbruch des Ersten Weltkriegs im Jahr 1925 in einem Artikel so ausgedrückt:

> „The murder of the Archduke Francis Ferdinand and his morganatic consort at Sarajevo on June 28th, 1914, was merely the spark that fired the powder magazine of Europe. *The Southern Slav Question, of which it was a symptom, was one of the most burning of pre-war problems, and must take rank with Franco-German, Anglo-German and Austro-Russian rivalry as a fundamental cause of the war.* Though overlooked till very recently by Western opinion, it was by no means a new problem, for its origin and explanation are to be sought in the Turkish conquest of Serbia and Hungary, followed by the long struggle of Hapsburg Imperialism [sic.] to eject the invader from its dominions and in turn to establish its hegemony over the Balkan Peninsula."[19]

---

[19] Seton-Watson, R.W.: *The Murder at Sarajevo*, in: *Foreign Affairs*, 1 April 1925, Vol.3 (3), pp.489-509, Hervorhebung durch den Verfasser

Im nächsten Kapitel folgt als Hintergrund ein kurzer historischer Abriss über die geopolitischen Entwicklungen im besonders umkämpften Teil des ehemaligen Osmanischen Reiches. Wie in der Einleitung dargestellt, waren die geopolitischen Verhältnisse auf dem Balkan für den Ausbruch des Ersten Weltkriegs relevant. Sie bereiteten den Boden für die Eskalation verschiedener Konflikte. Dieses Konfliktpotenzial war historisch bedingt. In dieser Arbeit werden die Entwicklungen in der Zeit vom Berliner Kongress bis zum Ausbruch des Ersten Weltkrieges näher untersucht. Bevor mit dieser Untersuchung begonnen werden kann, muss die geopolitische Ausgangslage bis zum Zeitpunkt des Berliner Kongresses (1878) historisch kontextualisiert werden. Erst dadurch können Entwicklungen in der Zeit zwischen 1878 und 1914 nachvollziehbar erörtert werden.

2. Die Geschichte der Balkanhalbinsel in Europa

Seit dem späten Mittelalter stießen auf der Balkanhalbinsel Europa und der vordere Orient auf breiter Front aufeinander. Entlang dieser Front entstand ab Mitte des 16. Jahrhunderts eine große Abwehrzone. Sie wurde als Militärgrenze bezeichnet.[20] An dieser Grenze wurde, über 500 Jahre hinweg, immer wieder der Streit um die Herrschaft in Südosteuropa ausgetragen.

2.1 Europas Eroberung durch die Ottomanen wird aufgehalten

Um die Mitte des 18. Jahrhunderts stieg Österreich durch die Feldzüge von Prinz Eugen von Savoyen in Europa zur Großmacht auf. Um 1718 war die Epoche der ernsten Bedrohung Europas durch das Osmanische Reich beendet.[21] Der österreichische Historiker Alexander Novotny verwies in den von ihm zusammengetragenen *Quellen und Studien zur Geschichte des Berliner Kongresses 1878* auf ein Bündnis Österreichs mit Russland gegen die Türkei, aus dem Jahr 1726. Laut Novotny hielt dieses Bündnis beinahe 100 Jahre. In der ersten Hälfte des 19. Jahrhunderts begann es schließlich zu bröckeln. Der

---

[20] Novotny, Alexander: *Quellen und Studien zur Geschichte des Berliner Kongresses 1878. I. Band, Österreich, die Türkei und das Balkanproblem im Jahre des Berliner Kongresses*, Graz. 1957, *Veröffentlichungen der Kommission für neuere Geschichte Österreichs*, Bd. 44, S.9
[21] Ebenda. S. 10

expansive Kurs Russlands in dieser Zeit bewegte Österreich dazu, statt wie bisher als „Schützer der Balkanvölker" nun als „Anwalt der Türkei" aufzutreten. Ab dieser Zeit begannen die christlichen Balkanvölker mehr auf die Hilfe Russlands zu setzen. Im russisch-türkischen Krieg von 1787 bis 1792 erlangte Russland die Anerkennung der Serben, als Beschützer der Slawen und der Orthodoxen Christen. Diese Verbindung blieb bis zum Ausbruch des Ersten Weltkriegs wirksam.[22]

Seit dem Friedensabkommen vom 4. August 1791 („Frieden von Sistowa"), hatte Österreich keine Eroberungsfeldzüge auf dem Balkan mehr unternommen. Seitdem bemühte sich Österreich, diesem Abkommen gemäß, bis zum Berliner Kongress 1878 um Frieden mit dem Osmanischen Reich. Dies enttäuschte die christliche Bevölkerung in ihrer Hoffnung auf Schutz durch Österreich. Danach begannen besonders die Serben, ihre Hoffnung auf die Unterstützung durch Russland zu setzen.[23]

2.2 Ursprung der Feindseligkeiten zwischen Russland und Österreich

Die Mechanismen der europäischen Machtpolitik und des europäisches Mächtesystems in der Zeit vor dem Bruch, wurden auf dem Wiener Kongress im Jahr 1815 geprägt. Grundlage des Systems war ein Gleichgewicht der Kräfte. Dieses Gleichgewicht sollte den Frieden unter den Großmächten Russland, England, Österreich, Preußen und Frankreich garantieren. Man sprach vom „Konzert der Großmächte".
Zur Überwachung Frankreichs nach dem Ende der napoleonischen Ära, bildeten Russland, Österreich, Preußen und England bereits seit dem 1. März 1814 eine Quadrupelallianz. Am 15. November 1818 wurde durch die Unterzeichnung des Protokolls zum Aachener Kongress schließlich auch Frankreich ins Konzert der Mächte aufgenommen.

---

[22] Albertini, Luigi: *The Origins of the War 1914. Volume I. European Relations from the Congress of Berlin to the Eve of the Sarajevo Murder*, S. 8ff

[23] Novotny, Alexander: *Quellen und Studien zur Geschichte des Berliner Kongresses 1878. I. Band, Österreich, die Türkei und das Balkanproblem im Jahre des Berliner Kongresses*, Graz. 1957, *Veröffentlichungen der Kommission für neuere Geschichte Österreichs*, Bd. 44, S. 16

Der erste ernsthafte Belastungstest dieses europäischen Konzerts der Mächte war der Krim-Krieg, durch den es in der zweiten Hälfte des 19. Jahrhunderts zum endgültigen Bruch zwischen Österreich und Russland kam. Die westeuropäischen Mächte fürchteten eine Gebietserweiterung Russlands durch einen damals zum wiederholten Male ausgebrochenen Russisch-Türkischen Krieg. Daher griffen sie in diesen Krieg ein, an dessen Ende Vertreter des Osmanischen Reichs, Russlands, Sardiniens, Frankreichs, Großbritanniens, Österreichs und Preußens den Friedensvertrag von Paris (30.03.1856) unterzeichneten. Im Vertrag musste sich Russland verpflichten, die besetzten Gebiete mit der Ausnahme Bessarabiens an das Osmanische Reich zurück zu geben. Die Integrität des Osmanischen Reiches wurde garantiert und das Schwarze Meer entmilitarisiert. So endete der Krim-Krieg mit der Wiederherstellung der vorherigen Verhältnisse. Auf der Pariser Konferenz hatte sich Österreich gegen Russland gestellt und sich für den Erhalt des Osmanischen Reichs eingesetzt.[24]

Der Eingriff der westeuropäischen Mächte in Russlands Auseinandersetzungen mit dem Osmanischen Reich führte für Russland zu einer bitteren Niederlage. Noch Jahrzehnte danach war Russland damit beschäftigt, seine Verluste wieder gut zu machen. Zurückgeben musste Russland die zwischenzeitlich besetzten Donaufürstentümer Moldau und Walachei im heutigen Rumänien. Auf dem Schwarzen Meer musste Russland Einschränkungen seiner Flottenpolitik akzeptieren. Das Verhältnis zwischen Österreich und Russland war dauerhaft zerrüttet. Die Gebietsverteilung auf dem Balkan wurde zum Dauerstreitthema zwischen Russland und Österreich. In den Jahren nach dem Krimkrieg (1857 bis 1875) ließen die Einigungskriege Italiens und Deutschlands das europäische Interesse an den territorialen Machtverhältnissen auf dem Balkan jedoch scheinbar in den Hintergrund treten.

2.3 Übergabe der Führung Deutschlands von Österreich an Preußen

---

[24] Novotny, Alexander: *Quellen und Studien zur Geschichte des Berliner Kongresses 1878. I. Band, Österreich, die Türkei und das Balkanproblem im Jahre des Berliner Kongresses*, Graz. 1957, *Veröffentlichungen der Kommission für neuere Geschichte Österreichs*, Bd. 44, S.11

Im französisch-österreichischen Krieg 1859 („Sardinischer Krieg") verlor Österreich die Lombardei an Sardinien. Sardinien trat Savoyen und Nizza an Frankreich ab. So entstand das neue Königreich Italien. Der preußisch-österreichische Krieg („Deutscher Krieg") vom Sommer 1866 führte ein Jahr später zur Gründung des Norddeutschen Bundes. So wurde Preußen zum Hauptgegner Frankreichs. Nach weiteren Streitigkeiten erklärte Frankreich Preußen im Juli 1870 den Krieg. Preußen siegte und gründete am 01.01.1871 das Deutsche Reich. Russland unterstützte Deutschland, indem es in diesem Streitfall seine Neutralität erklärte. Von nun an mussten die bisherigen Großmächte mit Preußen als starker militärischer Präsenz in Zentraleuropa rechnen. Russland steigerte seine Macht im Osten und kooperierte zu Beginn, und über einen langen Zeitraum hinweg, mit Preußen. Für die Habsburger Dynastie wurde es dabei umso wichtiger, die Machtstellung der Türken auf der Balkanhalbinsel zu stützen.

Dieser kurze Ausschnitt aus der Vorgeschichte des europäischen Engagements auf der Balkanhalbinsel illustriert die zwei beliebten Modi der imperialistischen Außen- und Krisenpolitik der alten Großmächte. Deutschland versuchte sich später als aufstrebende Weltmacht in diese Tradition einzureihen. Der Versuch missglückte jedoch und das Ergebnis war die Katastrophe des Ersten Weltkriegs.

Der erste außenpolitische Modus war die von der Habsburger Monarchie bevorzugte Strategie: Suche nach friedlichen Lösungen in Übereinstimmung mit den Interessen Frankreichs, Englands und Deutschlands.[25] Österreich hoffte auf eine „friedliche Durchdringung des Balkans und des Vorderen Orients".[26] Diese Politik Österreich-Ungarns stand in starkem Gegensatz zu Russlands Aggressivität gegenüber dem Osmanischen Reich. Damit ist der zweite Modus aus dem klassischen Instrumentarium der imperialistischen Außen- und Krisenpolitik vorgestellt: Durchsetzung der eigenen Interessen durch

---

[25]Vgl Novotny, Alexander: *Quellen und Studien zur Geschichte des Berliner Kongresses 1878. I. Band, Österreich, die Türkei und das Balkanproblem im Jahre des Berliner Kongresses*, Graz. 1957, *Veröffentlichungen der Kommission für neuere Geschichte Österreichs*, Bd. 44, S.17

[26] Vgl Novotny, Alexander: *Quellen und Studien zur Geschichte des Berliner Kongresses 1878. I. Band, Österreich, die Türkei und das Balkanproblem im Jahre des Berliner Kongresses*, Graz. 1957, *Veröffentlichungen der Kommission für neuere Geschichte Österreichs*, Bd. 44, S. 11

militärische Übermacht. Russland hatte im Laufe von über 200 Jahren (1676 bis 1878) immer wieder Kriege gegen das Osmanische Reich geführt. Die Frage der Machverteilung auf dem Balkan wurde dabei nicht geklärt. Dieser Zustand führte zum verlängerten Kampf um die Herrschaft und zerstörte dadurch die friedlichen Beziehungen der vielen Volksgruppen untereinander.

2.4 Innenpolitischen Probleme des Osmanischen Reiches

Auf der Balkanhalbinsel vermehrten sich im späten 19. Jahrhundert die innenpolitischen Probleme des Osmanischen Reiches. Das Streben der christlichen und slawischen Bevölkerung nach Souveränität machte den Balkan zum unterschätzten Krisenherd Europas. Ab 1875 bedrohten Unruhen in der dortigen Bevölkerung die Herrschaft des Osmanischen Reiches auf europäischem Gebiet. Als Reaktion setzte das Osmanische Reich auf brutale militärische Einsätze gegen die Bevölkerung des Balkans. Russland fühlte sich im Geiste der Ideologie des Panslawismus[27] berufen, die Befreiungsbewegung zu unterstützen. Nach zwei Krisenjahren auf dem Balkan, mit einem Aufstand in Bosnien-Herzegowina, einem Krieg zwischen Serbien und dem Osmanischen Reich und dem Aprilaufstand in Bulgarien 1876 trat Russland im April 1877 erneut in einen Krieg gegen die Türkei ein, mit dem Ziel Bulgarien zu befreien. Russland machte schließlich bei San Stefano Halt und schloss einen Waffenstillstand mit der Türkei. Russland errang den Sieg und der Krieg endete mit dem Frieden von San Stefano. Mit dem Vertrag von San Stefano hatte Russland faktisch die Herrschaft über mehr als die Hälfte der Balkanhalbinsel errungen und ein großes Bulgarien geschaffen. Damit hatte Russland sein Abkommen (Vertrag von Budapest vom 15. Januar 1877) mit Österreich-Ungarn gebrochen. In diesem Abkommen war vereinbart worden, im Falle einer Aufteilung des Osmanischen Territoriums auf dem Balkan nur kleine Staaten entstehen zu lassen.

---

[27] Die bäuerlichen Schichten empfanden die Herrschaft durch das Osmanische Reich unter anderem aufgrund seiner religiösen und kulturellen Unterschiedlichkeit in besonderem Maße als Fremdbestimmung. Aber vor allem durch die Unerbittlichkeit bei der Eintreibung des Zehnts, ungeachtet einer schlimmen Missernte im Jahr 1874, wurde die Fremdherrschaft besonders schmerzlich gefühlt. (Vgl. Pavlowitch: A History of the Balkans, S. 108f) Dies motivierte slawische Aufstände auf dem Balkan, welche die Sympathien der russischen Führung, Öffentlichkeit und Kirche auf sich zu lenken vermochten. Man verlangte eine Intervention um die slawischen Völker gegen die Repression der Osmanen zu schützen. (Vgl. Lieven, Towards the Flame, S. 77)

2.4.1 Der slawischer Staat?

Ein großer slawischer Staat, wie das neue Bulgarien, sollte nicht geduldet werden. Der Vertrag von San Stefano hatte das Gleichgewicht in Südosteuropa zu Gunsten Russlands stark verändert, ohne die anderen Großmächte zu beteiligen. Allerdings war Russland am Ende dieses Krieges finanziell und militärisch isoliert und geschwächt. Österreich-Ungarn und England drängten auf eine Revision der Bedingungen des Friedensvertrags von San Stefano, durch eine internationale Konferenz. Außerdem waren Änderungen der Machtverhältnisse und Landesgrenzen in Südosteuropa seit dem Krim-Krieg immer wieder nur auf der Grundlage einer gemeinsamen Entscheidung aller europäischen Großmächte geregelt worden.[28] Es drohte ein erneuter Krieg zwischen England und Russland.[29]

2.4.2 Erhalt des Friedens

Aufgrund seiner isolierten Position und seiner militärischen Erschöpfung musste Russland der Überprüfung der Friedensbedingungen von San Stefano zustimmen. Russland und Österreich-Ungarn waren sich einig, dass Deutschland als neutraler Staat der beste Ort für eine Konferenz zum Erhalt des Friedens war. So kam es 1887 zum Berliner Kongress.

3. Entscheidungen und Auswirkungen des Berliner Kongresses

Seit dem Wiener Kongress hatte es immer wieder europäische Konferenzen gegeben, um kritische Fragen der europäischen Politik auf friedliche Weise zu lösen. Als letzte entscheidende Instanz dieser Art im 19. Jahrhunderts folgte der Berliner Kongress. Der Kongress galt als Chance zur Aussöhnung der Interessenskonflikte zwischen Russland und Österreich-Ungarn. Diese Chance wurde aber nicht genutzt. Alexander Novotny kommentiert das Ergebnis des Berliner Kongresses wie folgt:

---

[28] Siehe Anderson, Matthew: *The Eastern Question, 1774 – 1923; A Study in International Relations*, London, 1966, S. 200

[29] Vgl Novotny, Alexander: *Quellen und Studien zur Geschichte des Berliner Kongresses 1878. I. Band, Österreich, die Türkei und das Balkanproblem im Jahre des Berliner Kongresses*, Graz. 1957, *Veröffentlichungen der Kommission für neuere Geschichte Österreichs*, Bd. 44, S. 45

„Er hat als letzter der europäischen Friedenskongresse im klassischen Zeitalter der alten hohen Diplomatie seit 1648 eine Art gesamteuropäischer Politik noch einmal repräsentiert. Er war [...] der letzte Versuch der Weltgeschichte, zwischen den Großmächten auftauchende Spannungen nach alten und vielleicht auch schon früher nicht immer bewährten Methoden zu lösen, von dem Bestreben erfüllt, das Einvernehmen zwischen den Großmächten herzustellen und dadurch den Frieden Europas zu retten."[30]

3.1 Ablauf und Teilnehmende des Berliner Kongresses

Der Kongress umfasste 20 Hauptsitzungen und fand in der Zeit zwischen dem 13. Juni und dem 13. Juli 1878 statt. Zwanzig unterzeichnungsberechtigte Teilnehmer nahmen teil, am Ende unterzeichneten sieben Staaten einen Vertrag. Die hauptverantwortlichen Verhandlungsteilnehmer waren:

- für den Gastgeber das Deutsche Reich Otto Fürst von Bismarck,
- für Österreich-Ungarn Graf Gyula Andrássy, der Außenminister,
- für England Benjamin Disraeli Earl of Beaconsfield als Premierminister
- für das Osmanische Reich Alexander Karatheodori Pascha
- für Italien Graf Luigi Córti, der Außenminister
- für Frankreich William Henry Waddington, der Außenminister sowie
- für Russland Fürst Alexander Michailowitsch Gortschakow, der Außenminister und Graf Pjotr Andrejewitsch Schuwalow, der russische Botschafter in London.[31]

3.2 Verlauf

Unter den Teilnehmern soll im Allgemeinen eine Atmosphäre der Sachlichkeit und ein Willen zum Frieden geherrscht haben, getragen von einem starken

---

[30] Novotny, Alexander: *Der Berliner Kongress und das Problem einer europäischen Politik*, in: *Historische Zeitschrift*, 1958, Vol. 186, S. 287
[31] Weitere wichtige Teilnehmer waren: für England der Außenminister Robert Cecil Marquess of Salisbury, für das Deutsche Reich Bernhard Ernst von Bülow als Staatssekretär im Auswärtigen Amt und Fürst Chlodwig zu Hohenlohe-Schillingsfürst als Botschafter in Paris, für Österreich-Ungarn Freiherr Heinrich Karl von Haymerle der Botschafter in Rom und Joseph Freiherr von Schwegel als Mitarbeiter von Graf Andrássy.

Optimismus bezüglich der Erreichbarkeit dieses Ziels. Die Verhandlungen verliefen relativ ungestört, ohne Druck seitens Presse und Öffentlichkeit.[32]

3.3 Die Positionen – Deutschland

Bismarcks Absicht als Gastgeber war es, die Verhandlungen zügig durchzuführen und von kurzer Dauer zu halten. Es war dem Deutschen Reich daran gelegen, seine Beziehung zu Österreich-Ungarn stabil zu halten. Eine Annäherung Russlands an Frankreich sollte vermieden werden. Für sich selbst wollte man in Deutschland allerdings gute Beziehungen zu Russland wahren.

Hier zeigt sich schon das künftige Dilemma für Deutschland: Die deutsche Rolle als Freund Österreichs, im Spannungsfeld der russisch-österreichisch-ungarischen Rivalitäten auf dem Balkan.

Noch machte sich der Prozess der später als „Einkreisung" den deutschen außenpolitischen Spielraum einzuengen schien, nicht bemerkbar. Die alte Solidarität zwischen den preußischen Hohenzollern und dem russischen Zarenhaus war bspw. in der russischen Haltung bei der Gründung des Kaiserreichs 1871 zum Ausdruck gekommen. Sie hatte sich damals für Deutschland als unverzichtbar erwiesen und war auch auf dem Berliner Kongress noch stark. Die Schwäche der Habsburger-Dynastie dagegen, die 1914 auch für Deutschland zu einer scheinbaren Bedrohung wurde, war 1878 noch nicht zu Tage getreten. Noch hatten sich die russisch-österreichisch-ungarisch Rivalitäten auf dem Balkan nicht zu den bitteren und unüberwindbaren Feindseligkeiten entwickelt, wie es nach der Okkupation Bosnien-Herzegowinas der Fall war. Die Differenzen zwischen Russland und Österreich-Ungarn schienen lösbar. Diese Hoffnung speiste sich aus der Zusammenarbeit der zwei Reiche in türkischen Angelegenheiten und aus dem Gesamteindruck des europäischen Gleichgewichts. So konnte Deutschland in diesem Spannungsfeld noch „spontan" entscheiden, ob jeweils russische oder österreichisch-ungarische Interessen den eigenen Interessen näher lagen.

---

[32] Vgl Novotny, Alexander: *Quellen und Studien zur Geschichte des Berliner Kongresses 1878. I. Band, Österreich, die Türkei und das Balkanproblem im Jahre des Berliner Kongresses*, Graz. 1957, *Veröffentlichungen der Kommission für neuere Geschichte Österreichs*, Bd. 44, S. 58

Die kommende Versöhnung englischer, französischer und russischer Gegensätze und die Zuspitzung der Rivalität zwischen Russland und Österreich-Ungarn auf der Balkanhalbinsel in den nächsten Jahrzehnten, gekoppelt mit dem Druck der deutsch-britischen Entfremdung und des Wachstums der militärischen und wirtschaftlichen Stärke Russlands, waren zur Zeit des Berliner Kongresses noch sämtlich unvorstellbar.

Diese gefährlichen Konstellationen am Ende des 19. Jahrhunderts aber schienen Deutschland mit der Zeit unausweichlich in Richtung der unbedingten Parteinahme für Österreich-Ungarn zu drängen. So wurden die ungelösten Streitigkeiten zwischen Russland und Österreich-Ungarn über den Balkan zum Bestimmungsort der gesamten europäischen Zukunft. Es gelang Bismarck dennoch auf dem Kongress den „ehrlichen Makler" zu spielen und für Deutschland zum letzten Mal eine neutrale Rolle zwischen allen anderen beteiligten Mächten einzunehmen.

3.3.1 Die Positionen – Türkei

Die Türkische Haltung war 1878 keineswegs einheitlich. Großwesir Safvet Pascha auf der einen Seite, war zu Zugeständnissen an Russland bereit. Konservative (Offiziere, religiöse Würdenträger) waren unbedingt dagegen, Kerngebiete des Reiches wie Bosnien-Herzegowina aufzugeben. Unumstritten war der Wunsch nach Reformen. Dieser Wunsch wurde von allen Mächten auf dem Berliner Kongress geteilt. Die Forderungen welche an die Türkei herangetragen wurden, lauteten nach mehr Selbstbestimmung, mehr Rechten und mehr Schutz für die Christen zugunsten der Bevölkerung auf dem Balkan, sowie nach weniger staatlicher Willkür.[33]

3.3.2 Die Positionen – Großbrittanien

Alexander Novotny berichtet von der Vertretung der offiziellen Position Englands durch Disraeli. Er war bestrebt, die russische Expansion, welche auf Kosten der Türkei geschehen war, zurückzudrängen. Dagegen sollte die britische Machtposition in der Türkei und im Mittelmeer erhalten und erweitert

---

[33] Vgl Novotny, Alexander: *Quellen und Studien zur Geschichte des Berliner Kongresses 1878. I. Band, Österreich, die Türkei und das Balkanproblem im Jahre des Berliner Kongresses*, Graz. 1957, *Veröffentlichungen der Kommission für neuere Geschichte Österreichs*, Bd. 44, S. 46

werden. Im Gegenzug für die Unterstützung Österreich-Ungarns in dieser Frage, unterstützte Großbritannien die Okkupation Bosnien-Herzegowinas durch Österreich-Ungarn.

3.3.3 Die Positionen – Österreich-Ungarn

Der österreichisch-ungarische Außenminister Graf Andrássy unterstützte die Haltung Großbritanniens in fast allen Punkten. Die Position Österreich-Ungarns schien je weniger gefährdet, desto besser die Macht Russlands auf der Balkanhalbinsel in Schach gehalten würde.[34] Graf Andrássy gelang es auf dem Berliner Kongress 1878 eine Einigung zwischen Russland und Österreich-Ungarn zu erzielen, durch welche Russlands Einfluss vorübergehend abgeschwächt wurde. Österreich-Ungarn konnte in den nächsten Jahren einen vorherrschenden Einfluss auf der Balkanhalbinsel gewinnen. Andrássy war es gelungen, den weltpolitischen Gegensatz zwischen England und Russland zu nutzen und auf dem Balkan England an die Seite Österreich-Ungarns zu bringen.

3.3.4 Die Positionen – Russland

Der russische Botschafter in Konstantinopel Nikolai P. Ignatiev, der die Verhandlungen in San Stefano geleitet hatte, hatte in der Folge vergeblich versucht, den Kongress von Berlin zu verhindern. Dadurch war Russland in Berlin von Beginn an in der Defensive. Es gelang dort nicht viel mehr als ein Rückzug ohne Prestigeverlust. Russland trat hauptsächlich als Interessenvertretung Bulgariens, Serbiens und Montenegros auf.[35] Von den Friedensbedingungen die im Abkommen von San Stefano zwischen Russland und der Türkei beschlossen worden waren, blieb wenig übrig. Was Russland unter dem unmittelbaren Einfluss der eingestellten Kampfhandlungen in den bilateralen Verhandlungen mit der Türkei hatte durchsetzen können, war nun

---

[34]Vgl Novotny, Alexander: *Quellen und Studien zur Geschichte des Berliner Kongresses 1878. I. Band, Österreich, die Türkei und das Balkanproblem im Jahre des Berliner Kongresses*, Graz. 1957, *Veröffentlichungen der Kommission für neuere Geschichte Österreichs*, Bd. 44, S. 46
[35]Vgl Novotny, Alexander: *Quellen und Studien zur Geschichte des Berliner Kongresses 1878. I. Band, Österreich, die Türkei und das Balkanproblem im Jahre des Berliner Kongresses*, Graz. 1957, *Veröffentlichungen der Kommission für neuere Geschichte Österreichs*, Bd. 44, S. 46

einige wenige Monate später in den multilateralen Gesprächen nicht aufrecht zu erhalten.

3.4 Die Ergebnisse

Die Berliner Beschlüsse befreiten das Osmanische Reich von dem russischen Diktat aus dem Vertrag von San Stefano. Der Preis waren allerdings Gebietsabtretungen an Österreich-Ungarn und England. Die Okkupation Bosniens und Herzegowinas erzielte nicht die gewünschte Konsolidierung der Machtsphäre der Habsburgischen Monarchie. Stattdessen wurde ihr außenpolitischer Handelsspielraum eingeengt, denn die Okkupation brachte sowohl in Russland als auch in Serbien Verbitterung gegen Österreich-Ungarn hervor. Starke Differenzen in den Ansichten zur Balkanpolitik belasteten die Monarchie innenpolitisch. Die Regierungen in Wien und Budapest strebten eine Erhaltung der Herrschaft des Osmanischen Reiches auf dem Balkan an. Militär- und Wirtschaftskreise drängten dagegen auf eine Erweiterung des österreichischen Einflusses auf dem Balkan. Eine solche Expansion bedeutete jedoch eine Schwächung der Türkei. Diese gegensätzlichen Ziele führten zu einer sehr widersprüchlichen österreichisch-ungarischen Außenpolitik.

3.4.1 Ergebnisse des Berliner Kongresses

Die Ergebnisse des Berliner Kongresses und seine territorialen Bestimmungen resultierten in Verwicklungen der europäischen Großmächte auf dem Balkan und machten den Balkan zum Dauerkrisenherd an der Grenze Europas. Der Historiker Imanuel Geiß bezeichnete den Berliner Kongress als „historischen Knotenpunkt ersten Ranges".[36] Durch den Berliner Kongress konnte ein direkter Konflikt zwischen Österreich-Ungarn und Russland nur verschoben werden. Die in den Beschlüssen vorgenommene Neuordnung war auf Dauer nicht haltbar. Denn in und zwischen den Balkanstaaten hatte sich keine stabile politische und gesellschaftliche Ordnung herausgebildet. Die Rivalität zwischen den europäischen Großmächten bezüglich der territorialen Ordnung auf dem Balkan verhinderte eine wirksame Friedenspolitik. Besonders intensiv wurde der Streit

---

[36]So zitiert bei Melville, Ralph und Schröder, Hans-Jürgen (Hrsg.): *Der Berliner Kongreß von 1878. Die Politik der Großmächte und die Probleme der Modernisierung in Südosteuropa in der zweiten Hälfte des 19. Jahrhunderts*, Wiesbaden, 1982, *Veröffentlichungen des Instituts für europäische Geschichte Mainz*, Beiheft, Abt. Universalgeschichte, Bd. 7, Einleitung, S. XIII

um die Hegemonie zwischen Russland und Österreich-Ungarn ausgetragen und trug in der Folge stark zu den instabilen Verhältnissen auf dem Balkan bei. Melville und Schröder beschreiben dies so:

> „Der Versuch eines Großmächtekompromisses auf dem Balkan erwies sich jedoch insgesamt als nicht tragfähig, weil die mit machtpolitischen und ökonomischen Mitteln betriebene Hegemonialpolitik eine von den Großmächten nicht intendierte und letztlich nicht zu kontrollierende Dynamik auslöste."[37]

3.4.2 Berliner Kongress und die Einschätzung der Historiker

Die beiden Historiker Ralph Melville und Hans-Jürgen Schröder vom Institut für Europäische Geschichte in Mainz fassen das Ergebnis in ihrem 1982 erschienenen Band *Der Berliner Kongreß von 1878* folgendermaßen zusammen:

> „Insgesamt konnte die politische Ordnung Südosteuropas nach dem Berliner Kongreß überhaupt nur solange als stabilisiert gelten, wie die Großmächte die Erhaltung des Status quo [sic.] gemeinsam durchzusetzen bereit und fähig blieben. Der Berliner Vertrag war zweifellos etwas anderes als eine stabile Friedensordnung, die sich auf politisch und gesellschaftlich tragfähige Kräfte in den Balkanstaaten hätte stützen können."[38]

3.5 Verwaltung Bosniens und Herzegowinas

Einer der Hauptbeschlüsse des Berliner Kongresses war, dass Österreich-Ungarn die Verwaltung Bosniens und Herzegowinas übernehmen sollte. Das Gebiet blieb zwar nominal Teil des Osmanischen Reiches. Da es aber den Osmanen dort nicht gelungen war stabile Zustände herzustellen, sollte Österreich-Ungarn das Land okkupieren und nach den Vorstellen der üblichen

---

[37] Vgl. Ebenda, Einleitung , S. XV
[38] Melville, Ralph und Schröder, Hans-Jürgen (Hrsg.): *Der Berliner Kongreß von 1878. Die Politik der Großmächte und die Probleme der Modernisierung in Südosteuropa in der zweiten Hälfte des 19. Jahrhunderts*, Wiesbaden, 1982, *Veröffentlichungen des Instituts für europäische Geschichte Mainz*, Beiheft, Abteilung Universalgeschichte, Bd. 7, Einleitung, S. XV

europäischen Großmächte Reformen durchsetzen. Alle Bevölkerungsgruppen sollten geschützt werden und ein friedliches Zusammenleben der Menschen dort sollte wieder hergestellt werden.

Die Okkupation und spätere Annexion Bosnien-Herzegowinas war auch ein Versuch Österreich-Ungarns, die Entstehung eines neuen slawischen Staats zu verhindern. Der serbische Staat strebte eine Vereinigung mit diesen Gebieten an. Das übergeordnete Ziel war die Vereinigung aller Serben in einem Staat. Die Habsburgermonarchie fürchtete diese Vergrößerung Serbiens, weil diese einer Unterminierung ihrer Führung auf der Balkanhalbinsel gleichgekommen wäre. Eine Folge der österreichisch-ungarischen Okkupation war stattdessen der Antagonismus zwischen Serbien und Österreich-Ungarn. Eine weitere Folge bestand in einer unbeabsichtigten Befeuerung der panslawischen Ideologie in Russland. Drittens wurde die Schwächung des Osmanischen Halts auf dem Balkan beschleunigt. Die Okkupation Bosniens und Herzegowinas wurde vor allem in Russland als Beweis eines germanischen Dranges nach Osten und als deutliches Zeichen der Unterdrückung Serbiens und Montenegros eingeordnet. Die Türkei hatte sowohl auf dem Kongress wie auch danach wenige Chancen, ihr eigenes Schicksal selbst zu bestimmen.[39]

Graf Andrássy hatte im Namen Österreich-Ungarns versucht, die Entstehung größerer Balkanstaaten zu verhindern. Es hatte ihm jedoch auch daran gelegen, den Status Quo auf dem Balkan zu erhalten.[40]

3.6 Die Orientfrage

Die Orientfrage war für die europäische Presse ebenso wie die Balkankrise von 1876 bis 1878 von großem Interesse und war in der Berichterstattung lebhaft verfolgt worden. So waren Hoffnungen auf die vollständige nationale Befreiung der jungen Balkanstaaten geweckt worden. Die Bestimmungen des Berliner

---

[39] Vgl Novotny, Alexander: *Quellen und Studien zur Geschichte des Berliner Kongresses 1878. I. Band, Österreich, die Türkei und das Balkanproblem im Jahre des Berliner Kongresses*, Graz. 1957, *Veröffentlichungen der Kommission für neuere Geschichte Österreichs*, Bd. 44, S. 61

[40] Vgl Novotny, Alexander: *Quellen und Studien zur Geschichte des Berliner Kongresses 1878. I. Band, Österreich, die Türkei und das Balkanproblem im Jahre des Berliner Kongresses*, Graz. 1957, *Veröffentlichungen der Kommission für neuere Geschichte Österreichs*, Bd. 44, S. 61

Kongresses enttäuschten diese Hoffnungen jedoch. Die italienische Begeisterung für den Freiheitskampf der Südslawen ebbte bald ab und schlug stattdessen italienische Gebietsansprüche auf dem Balkan um. Russland fühlte sich um seine Gewinne aus dem Krieg mit der Türkei betrogen.[41] Laut Luigi Albertini schufen die Bestimmungen des Berliner Kongresses in der Türkei, Bulgarien, Serbien, Rumänien und Russland ein Klima wachsender Unzufriedenheit. Die Türkei verlor die Hälfte ihrer europäischen Gebiete. Bulgarien bekam nur die Hälfte der im Vertrag von San Stefano gewonnenen Gebiete. Serbien wurde der Hoffnung auf eine Vereinigung mit Bosnien-Herzegowina beraubt. Rumänien musste Bessarabien an Russland abgeben und Russland verlor fast alles, was durch den Sieg über die Türkei gewonnen worden war.[42]

Die Bestimmungen des Berliner Kongresses schufen keine Lösungen für die grundsätzlichen Fragen der Zeit. Sie waren laut Melville und Schröder ein „Diktat, das [...] aus Sicht der Betroffenen nationalpolitische Hoffnungen zerstörte."[43] Sie zeigen auf, wie aus dem Berliner Abkommen weitere Enttäuschungen und Spannungen entstanden. Deshalb konnten die Kompromisse des Berliner Kongresses größere militärische Auseinandersetzungen zwischen den Spielern des europäischen Konzerts der Großmächte nur kurzfristig vermeiden. Die „Orientfrage" wurde tatsächlich nicht zufrieden stellend beantwortet. Laut Novotny wurde außerdem das Bosnienproblem ebenfalls nicht gelöst. Novotny beschrieb es als:

> „ein Phänomen, welches aus der Pandorabüchse ausgebrochen war und nun Jahre hindurch als der Zankapfel zwischen der Pforte, Rußland

---

[41] Vgl. Melville, Ralph und Schröder, Hans-Jürgen (Hrsg.): *Der Berliner Kongreß von 1878. Die Politik der Großmächte und die Probleme der Modernisierung in Südosteuropa in der zweiten Hälfte des 19. Jahrhunderts*, Wiesbaden, 1982, *Veröffentlichungen des Instituts für europäische Geschichte Mainz*, Beiheft, Abt. Universalgeschichte, Bd. 7, Einleitung

[42] Vgl. Albertini, Luigi: *The Origins of the War 1914. Volume I. European Relations from the Congress of Berlin to the Eve of the Sarajevo Murder*, S. 34

[43] Melville, Ralph und Schröder, Hans-Jürgen (Hrsg.): *Der Berliner Kongreß von 1878. Die Politik der Großmächte und die Probleme der Modernisierung in Südosteuropa in der zweiten Hälfte des 19. Jahrhunderts*, Wiesbaden, 1982, *Veröffentlichungen des Instituts für europäische Geschichte Mainz*, Beiheft, Abt. Universalgeschichte, Bd. 7, Einleitung, S. XV

und Österreich-Ungarn, aber auch Serbien und Montenegro in Erscheinung treten sollte."[44]

Das sehr gravierende Konfliktpotenzial zwischen Österreich-Ungarn und Russland wuchs beständig und die Zeichen standen auf eine künftige militärische Auseinandersetzung der beiden Länder, auf der Grundlage ihrer Konkurrenz auf dem Balkan. [45]

Der Berliner Kongress war der Versuch, einen Grundstein für die Schaffung eines dauerhaften Friedens zwischen den europäischen Großmächten zu legen. Dass dieser Friede nicht eintrat lag auch daran, dass aufgrund der Verbitterung über die Ergebnisse des Kongresses unter seinen Teilnehmern nicht länger der Wunsch einer weiteren engen Zusammenarbeit vorhanden war. Novotny schließt seine Betrachtungen des Berliner Kongresses wie folgt ab:

„Das Ergebnis des Jahres 1878 war die Erhaltung der Türkei, das Ergebnis des Jahres 1918 war die Zerstörung Österreich-Ungarns. Zwischen beiden Jahren liegt der vielleicht undurchsichtigste Teil der Weltgeschichte überhaupt, eine Periode, die es gleichwohl versäumt hat, ähnlich wie nach 1815 durch periodisch wiederholte Kongresse das mühsam geschaffene Friedenswerk zu befestigen und zu sichern. In diesem Sinne bleibt der Berliner Kongreß ein Angelpunkt der Weltgeschichte, eine Epoche, ein Ereignis, welches ebensogut am Ende des einen, wie am Anfange eines anderen weltgeschichtlichen Zeitalters steht."[46]

Nach dem Berliner Kongress kam Bewegung in das europäische Gleichgewicht. Alte Feindseligkeiten begannen sich zu legen und neue Zerwürfnisse tauchten auf. Der bisher bewährte Modus der imperialistischen Krisenpolitik, das monarchische Leitprinzip der Diplomatie, wirkte nicht mehr als treibende Kraft der Beziehungen zwischen den Großmächten. Stattdessen bestimmten immer stärker die neuen Nationalbewegungen die Handlungsspielräume der Länder.

---

[44]Novotny, Alexander: *Quellen und Studien zur Geschichte des Berliner Kongresses 1878. I. Band, Österreich, die Türkei und das Balkanproblem im Jahre des Berliner Kongresses*, Graz. 1957, *Veröffentlichungen der Kommission für neuere Geschichte Österreichs*, Bd. 44, S. 61

[45] Novotny, Alexander: *Quellen und Studien zur Geschichte des Berliner Kongresses 1878. I. Band, Österreich, die Türkei und das Balkanproblem im Jahre des Berliner Kongresses*, Graz. 1957, *Veröffentlichungen der Kommission für neuere Geschichte Österreichs*, Bd. 44, S. 17

[46] Novotny, Alexander: *Quellen und Studien zur Geschichte des Berliner Kongresses 1878. I. Band, Österreich, die Türkei und das Balkanproblem im Jahre des Berliner Kongresses*, Graz. 1957, *Veröffentlichungen der Kommission für neuere Geschichte Österreichs*, Bd. 44, S. 68

Die schwere Last der „Orientfrage" stand einem dauerhaften Frieden in Südostosteuropa im Wege und führte die alten Monarchien in den selbstverschuldeten Niedergang. Wenn man die Geschehnisse auf der Balkanhalbinsel ab 1878 in den Fokus rückt, wird die entscheidende Position des Balkans im Ausbruch des Ersten Weltkriegs deutlich sichtbar.

4. Die Jahre nach dem Berliner Kongress bis 1900

Die Jahre nach dem Berliner Kongress bracht leider keine Ruhe zur Balkanhalbinsel. Die Konkurrenten um die Kontrolle der Region zogen sich enttäuscht von dem Verhandlungstisch zurück und die Völker der Halbinseln sind mit ihrem gesellschaftlichen Problemen auf sich alleine gelassen. Politischer Reform innerhalb des europäischen Territoriums des Osmanischen Reiches von den konkurrierenden europäischen Großmächten verhindert und der Hass und gleichzeitig die Aspirationen auf freie Selbstbestimmung gärte unverhindert auf der Balkanalbinsel weiter. Der Hass wurde zum Funken, der das ganze europäisches Haus ins Flammen steckte.

4.1 Deutschland ersetzt England als Protektor des Osmanischen Reiches

Im Jahre 1880 gab es einen Politikwechsel in der englischen Regierung, als William Ewart Gladstone das Amt des Premierministers in England antrat. Bisher hatte England an der Seite des türkischen Sultans gestanden, um sein Reich zusammen zu halten. Nun forderte Gladstone weitere Gebietsabtretungen vom Osmanischen Reich. Als Folge davon bat Abdul Hamid II. Bismarck am 11. Mai 1880 um deutsche Berater. An diesem Punkt gerieten Deutschlands Interessen in einen Konflikt mit jenen Russlands.[47] 1890 schürten Berichte des deutschen militärischen Geheimdienstes beim Kaiser vorübergehend die Angst, dass Deutschland unmittelbar vor einem russischen Angriff stünde. Alles führte zu einer Politik, die gegen Russland gerichtet war und zielte auf eine politische Führung Deutschlands in Mitteleuropa. In diesem Zusammenhang schien es wichtig für die deutsche Außenpolitik, dass das Osmanische Reich nicht auseinanderbrach. Deutschland war gegen eine von

---

[47] Scherer, Friedrich: *Adler und Halbmond. Bismarck und der Orient 1878-1890*, Verlag Ferdinand Schöningh, Paderborn, München, Wien Zürich, 2001, S. 526

Großbritannien vorgeschlagene Aufteilung des Osmanischen Reichs unter den Großmächten. Um das Osmanische Reich vor dem Verfall zu retten, entsandte Deutschland bereits 1882 deutsche Offiziere nach Konstantinopel. Sie trainierten dort die Armee des Osmanischen Reiches.[48]

4.2 Entwicklung zwischen Österreich-Ungarn und Deutschland

Graf Andrássy hatte 1879, als Bismarck noch Reichskanzler war, ein Bündnis mit Deutschland geschlossen, welches zur außenpolitischen Abhängigkeit von Deutschland führte. Den Slawen in Österreich-Ungarn widerstrebte diese Abhängigkeit von Deutschland jedoch.[49] Auf dem Berliner Kongress hatten Bismarck und Andrássy unterschiedliche Ziele verfolgt. Andrássy hatte die Nähe zu England gesucht. Russland hatte ihm als Hauptgegner gegolten. Bismarck wollte dagegen gute Beziehungen zu Russland erhalten und diese noch vertiefen. Nach dem Rücktritt Andrássys 1879 übernahmen seine Nachfolger Heinrich Karl von Haymerle[50] und Gustav Kálnoky[51] die Bismarck'sche Linie. So versprachen sich Deutschland, Russland und Österreich-Ungarn, in allen Balkanfragen ausschließlich in gegenseitigem Einverständnis zu handeln. Ob es aus Sicht der damaligen Akteure absehbar war, dass die Einräumung dieses Mitsprachrechts für Russland zu den unüberbrückbaren Differenzen zwischen Russland und Deutschland auf dem Balkan führen würde, ist im Nachhinein schwer festzustellen. Andrássy warnte den Kaiser 1886 allerdings in einer Denkschrift, dass Kalnokys Politik nach dem Bismarck'schen Prinzip entweder zum Verzicht Österreich-Ungarns auf seinen Einfluss auf dem Balkan oder zu einem Krieg mit Russland führen müsste. Hätte Franz Joseph auf diese Warnung gehört, wären die Interessenkonflikte mit Russland nie so verschärft zutage getreten wie durch die Politik Kalnokys.[52]

---

[48]Thörner, Klaus: *"Der ganze Südosten ist unser Hinterland". Deutsche Südosteuropapläne von 1840 bis 1945*, Freiburg, 2008, S.171

[49] Kanner, Heinrich: *Kaiserliche Katastrophenpolitik*, S. 3

[50]Heinrich Karl von Haymerle wurde am 8. Oktober 1879 zum Nachfolger Andrássys als österreichisch-ungarischer Außenminister ernannt.

[51]Gustav Kálnoky wurde wiederum bereits am 20. November 1881 Nachfolger von Heinrich Karl von Haymerle.

[52] Kanner, Heinrich: *Kaiserliche Katastrophenpolitik,: ein Stück zeitgenössischer Geschichte*, Leipzig 1922, S. 10

4.3 Trotz Differenzen versucht Österreich-Ungarn noch mal eine Zusammenarbeit mit Russland

Im April 1897 besuchte Kaiser Franz Joseph St. Petersburg. Der Besuch sollte guten Willen demonstrieren und Konflikte mit Russland auf dem Balkan vermeiden. Die während des Besuches getroffenen Absprachen interpretierten beide Länder jedoch völlig unterschiedlich. Heinrich Kanner verweist darauf, dass die Interessenkonflikte zwischen Russland und Österreich-Ungarns auf dem Balkan bis zur Ersten Weltkrieg nicht mehr beseitigt werden konnten.[53] Daraus resultierte eine unzeitgemäße Katastrophe für ein sonst friedliches modernes Europa.[54]

5. Deutschland entdeckt den Balkan

In diesem Abschnitt wird ein Exkurs in die Ursachen, die zur unglücklichen deutschen Beteiligung an dem jahrhundlangen Streit über die Machtverteilung auf dem Balkan, unternommen.

5.1 Interesse am Balkan

Deutschland hatte inzwischen, unabhängig von dem Bündnis mit Österreich-Ungarn, ein Interesse am Balkan gewonnen. In diesem Licht wurde die Bündnispolitik mit Österreich-Ungarn ein Mittel zum Zweck, um mittelbar Kontrolle über die Balkangebiete auszuüben. Der folgende Exkurs zeigt die Verwicklungen Deutschlands auf der Balkanhalbinsel.

Die später behauptete „Nibelungentreue" Deutschlands zu Österreich-Ungarn war nicht der eigentliche Grund für die deutsche Bereitschaft, Österreich-Ungarn in einem Krieg gegen Serbien zu unterstützen. Auch die Angst vor der russischen Übermacht an der Ostgrenze des Deutschen Reiches war nicht die handlungsleitende Motivation. Handfeste wirtschaftliche Hintergründe führten

---

[53] Kanner, Heinrich: *Kaiserliche Katastrophenpolitik,: ein Stück zeitgenössischer Geschichte*, Leipzig 1922, S. 10
[54] Wank, Solomon: *The Habsburg Empire*. In: Barkey, Karen und Hagen, Mark von (Hrsg.): *After Empire. Multiethnic Societies and Nation-Building. The Soviet Union and the Russian, Ottoman, and Habsburg Empires. Result of a conference convened at Columbia University in November 1994*, Boulder, Colo., 1997. S. 45 - 57

der Regierung die Hand. Deutschland wollte über den Balkan wirtschaftlich expandieren. Da Deutschland nur wenige Überseekolonien errungen hatte, fand der neu erwachte Drang nach internationalem wirtschaftlichem und politischem Einfluss in Aktivitäten im Osten seinen Ausdruck.

Deutschland hatte in den Jahren nach dem Berliner Kongress immer mehr auf wirtschaftliche oder militärische Verträge oder gar Zusammenarbeit mit Russland verzichtet. Stattdessen wurden Handelsverträge mit Österreich-Ungarn, der Schweiz, Italien, Rumänien, Serbien und Bulgarien mit dem Ziel einer Exklusion Russlands abgeschlossen.

5.2 Bündnis zwischen Deutschland und Österreich-Ungarn

Je enger das Bündnis zwischen Deutschland und Österreich-Ungarn und je größer die Auseinandersetzungen zwischen Russland und Österreich-Ungarn über Bulgarien und Serbien wurden, desto größer wurde die Gefahr für Deutschland in eine ernste Krise mit Russland zu geraten.

5.3 Wirtschaftsexpansion in Richtung des vorderen Asiens

Nach dem Sieg über Frankreich 1871 nahmen die Wirtschaftsinteressen des neuen Deutschen Reichs auf dem Balkan immer mehr zu. Kriegsreparationen aus Frankreich hatten der deutschen Wirtschaft zum großen Wachstum verholfen. Der Drang nach Wirtschaftsexpansion in Richtung des vorderen Asiens weckte das deutsche Interesse am Balkan. Der Handelsweg über die afrikanischen Kolonien war potenziell immer von Seeblockaden durch Großbritannien bedroht. Sich allein auf diesen Handelsweg zu konzentrieren, hätte eine Belastung durch hohe Kosten für militärische Ausgaben bedeutet. Bank- und Industriekreise versprachen sich aufgrund von Wachstumsprognosen größere Gewinne aus Handelsaktivitäten in Südosteuropa und der Türkei.[55] So wurden Anfang der 1890er Jahre die

---

[55] Thörner, Klaus: *"Der ganze Südosten ist unser Hinterland". Deutsche Südosteuropapläne von 1840 bis 1945*, Freiburg, 2008, S.166

Balkanhalbinsel und die Türkei zum Fokus des deutschen Kapitals. Den Balkanländern bot Geld aus Deutschland die Chance, sich unabhängig vom Kapital aus Frankreich und Großbritannien zu machen. Nach dem Erwerb der Eisenbahnstrecke Berlin - Konstantinopel und dem Bau der Strecke nach Bagdad wurden Finanz- und Industriekreise die größeren Wachstums- und Gewinnspannen auf dem Balkan immer wichtiger. Die so genannte „Durchdringung Südosteuropas" galt als entscheidend für die wirtschaftliche Expansion:

> „Das Informal Empire Südosteuropa hatte für das deutsche Kapital als Lieferant von Agrarprodukten und Rohstoffen, als Anleiheobjekt, als Absatzmarkt und als Brücke in den Nahen Osten eine größere Bedeutung erlangt als die formellen Kolonien in Übersee."[56]

Diese Brücke wurde durch den Kauf der Eisenbahnlinien Berlin – Wien und Belgrad - Sofia durch die Deutsche Bank sowie der Konzession für die Bau der Bagdadbahn immer mehr befestigt. Man nannte es das System der Pénétration pacifique. [57]

5.4 Betriebsgesellschaft der orientalischen Eisenbahnen

1879 wurde die Betriebsgesellschaft der orientalischen Eisenbahnen durch eine österreichisch-ungarische Aktiengesellschaft gegründet. Sie war für den Bau von Transportunternehmungen, Häfen, Kanälen und Fabriken und den Betrieb von Forsten, Bergwerken und Industrien vorgesehen. Zusammen waren die Deutsche Bank, die Deutsche Orientbank und die Bank für orientalische Eisenbahnen mit über 50 Prozent an der Betriebsgesellschaft der orientalischen Eisenbahnen beteiligt. Diese beteiligte sich wiederum im großen Stil an der Anatolischen Eisenbahngesellschaft in Konstantinopel und an der Hafen-Gesellschaft Haidar Paschas.[58]

---

[56]Thörner, Klaus: *"Der ganze Südosten ist unser Hinterland". Deutsche Südosteuropapläne von 1840 bis 1945*, Freiburg, 2008, S.175

[57]Thörner, Klaus: *"Der ganze Südosten ist unser Hinterland". Deutsche Südosteuropapläne von 1840 bis 1945*, Freiburg, 2008, S.167

[58] Gutsche, Wilibald: *Serbien in den Mitteleuropaplänen der deutschen Imperialismus am Vorabend des ersten Weltkrieges*: in *Zeitschrift für Geschichtswissenschaft*, 1975, Band 23, Heft 1, S.38

Bis zum Anfang der 1890er Jahre schien vorübergehend eine große friedliche wirtschaftliche Expansion nach Asien über den Balkan und durch die Türkei möglich. Umgekehrt gerieten die Länder Südosteuropas aufgrund einer negativen Handelsbilanz in ein Abhängigkeitsverhältnis mit Deutschland, nach dem Motto „deutsche Industriewaren gegen südosteuropäische Agrarprodukte". Es gab für sie keine Möglichkeit, die Schulden bei Deutschland vor dem Ausbruch des Ersten Weltkriegs zurückzuzahlen.[59]

5.5 Handel mit Serbien

Mit dem Anbruch des neuen Jahrhunderts hatte der Handel mit Serbien an Bedeutung gewonnen. Bis 1910 betrug der deutsche Anteil am serbischen Import 41,3%, der Österreich-Ungarns 19,0%. Die Rheinische Metallwarenfabrik und Berliner Handels-Gesellschaft schöpften hier ansehnliche Gewinne. Hier stehen die Eisenbahninteressen vordergründig im Zusammenhang mit der deutschen Politik in der Julikrise 1914. Eine sichere Eisenbahnverbindung durch Serbien war für Deutschland von hervorragender politischer und wirtschaftlicher Bedeutung.[60] Die Verwirklichung der deutschen Expansionsansprüche im Nahen Osten konnten nur erreicht werden, wenn die Verkehrswege durch den Balkan offen gehalten wurden. Deshalb war es extrem wichtig, dass dort entweder Frieden herrschte oder dass Deutschland über das Bündnis mit Österreich-Ungarn indirekte Kontrolle über die Region behielt.[61] Große Verbreitung erfuhr die Expansionsidee durch die Aktivitäten des Alldeutschen Verbands. Der Verband wurde in dem Jahr gegründet, in dem Bismarck als Reichskanzler scheiterte (1890):

> ,,Die zunehmende Bedeutung der Alldeutschen war jedoch nicht in erster
> Linie der Mitgliederzahl des Verbandes abzulesen, >>es waren<<, so der

---

[59]Thörner, Klaus: *"Der ganze Südosten ist unser Hinterland". Deutsche Südosteuropapläne von 1840 bis 1945*, Freiburg, 2008, S.163

[60] Gutsche, Wilibald: *Serbien in den Mitteleuropaplänen des deutschen Imperialismus am Vorabend des ersten Weltkrieges*, in: *Zeitschrift für Geschichtswissenschaft*, 1975, Band 23, Heft 1, S.37

[61]Vgl. Thörner, Klaus: *"Der ganze Südosten ist unser Hinterland". Deutsche Südosteuropapläne von 1840 bis 1945*, Freiburg, 2008, S. 176

Historiker Ludwig Dehio, >>ihre Gedankengänge, die sich mit wachsender Geschwindigkeit ausbreiteten>>.[62]

Die Alldeutschen befürworteten die Annexionen von Balkangebieten und die Gründung eines mitteleuropäischen Staatenbundes, wenn nötig durch militärische Maßnahmen. Dagegen strebten die Vertreter des Mitteleuropäischen Wirtschaftsvereins eine mitteleuropäische Zollunion an. Diese Gruppe erstrebte nach den Plänen von Friedrich List die Kontrolle über Südosteuropa durch wirtschaftspolitische Maßnahmen. Beide Gruppen wünschten, dass Deutschland eine Hegemonie über Südosteuropa erlangen sollte.[63]

> „Bereits 1895 forderte der Alldeutsche Verband die >>Schaffung eines unter deutschen Einfluß stehenden geschlossenen mitteleuropäischen Wirtschaftsgebietes<< in Front gegen das >>Angelsachsentum<< und die >>Slawische Vormacht Rußland>>. In diesem Punkt bestand, wie noch deutlich werden wird, Einigkeit zwischen den Alldeutschen und den ökonomischen Imperialisten des Naumann-Kreises und im Mitteleuropäischen Wirtschaftsverein."[64]

So wurden bis zur Jahrhundertwende Grundsteine in der deutschen Außenpolitik gelegt, welche eine enge Bindung an Österreich-Ungarn bedingten. Diese Balkanpolitik barg jedoch großes zukünftiges Konfliktpotenzial mit Russland in sich. Es wurde kein nennenswerter Versuch unternommen, mit Russland einen Interessensausgleich zu finden. Bemerkenswert ist die Übereinstimmung dieser Politik mit den Vorstellungen einiger Hauptvertreter des Altdeutschen Verbands und seinen Voreitern aus der ersten Hälfte des 19. Jahrhunderts:

> „Hasse wies auf die Übereinstimmung seiner Position mit den Zielsetzungen von Moltke, List, Roscher, Rodbertus, Lasalle und Lagarde hin und erklärte, das Deutsche Reich könne nur durch die engste Verbindung mit Österreich-Ungarn und >>die ausschließliche

[62]Thörner, Klaus: *"Der ganze Südosten ist unser Hinterland". Deutsche Südosteuropapläne von 1840 bis 1945*, Freiburg, 2008, S. 180
[63]Thörner, Klaus: *"Der ganze Südosten ist unser Hinterland". Deutsche Südosteuropapläne von 1840 bis 1945*, Freiburg, 2008, S. 177
[64]Thörner, Klaus: *"Der ganze Südosten ist unser Hinterland". Deutsche Südosteuropapläne von 1840 bis 1945*, Freiburg, 2008, S. 182

Schutzherrschaft über die europäischen und asiatischen Besitzungen<<
des Osmanischen Reiches einen Schlüssel zur Führung in der Weltpolitik
finden." [65]

5.6 Unabhängigkeit Bulgariens

Auf Drängen der Deutschen Bank wollte die Reichsleitung 1908 sogar die
Anerkennung der Unabhängigkeit Bulgariens von der Erfüllung bestimmter
Forderungen der Orientbahngesellschaft gegenüber Bulgarien abhängig
machen. Bulgarien musste Juli 1909 eine erhebliche Schadenersatzsumme
zahlen.

Bis 1913 gingen mehr als die Hälfte aller Exportwaren aus Deutschland nach
Österreich-Ungarn, in die Balkanländer und nach Osteuropa. Der
österreichisch-serbische Konflikt bot eine Gelegenheit, das Prestige und den
Großmachstatus Österreich-Ungarns aufzubessern. Der österreichisch-
serbische Konflikt lieferte Deutschland auch eine besonders geeignete
Gelegenheit, der Donaumonarchie den Rücken zu stärken. Die Vermeidung
einer weiteren inneren Schwächung der Bündnispartner wurde mit der
Wahrnehmung eigener wichtiger Expansionsinteressen auf dem Balkan
verbunden.[66]

6. Kein Frieden auf dem Balkan

Der italienische Publizist und Journalist Luigi Albertini vertrat in seiner
Aufarbeitung des Ersten Weltkriegs die Ansicht, dass wenn es den
Habsburgern gelungen wäre, sich die Loyalität der Südslawen zu sichern, die
Krise vom Juli 1914 nie passiert wäre. Es gehörte jedoch nicht zum Repertoire
der imperialistischen Krisenpolitik „alter Schule", Agitatoren als
Verhandlungsgegner zu verstehen. Der einzig angemessene Umgang mit
Gegnern welche nicht zum „Establishment" der Großmächte gehörten war,
diese gänzlich auszuschalten. Die Magyaren in Ungarn unterdrückten und

---

[65]Thörner, Klaus: *"Der ganze Südosten ist unser Hinterland". Deutsche Südosteuropapläne von 1840 bis 1945*, Freiburg, 2008, S. 189

[66] Vgl. Gutsche, Wilibald: Serbien in den Mitteleuropaplänen des deutschen Imperialismus am Vorabend des ersten Weltkrieges, In: Zeitschrift für Geschichtswissenschaft, 1975, Band 23, Heft 1, S.35 – 48

benachteiligten die Slawische Bevölkerung unterdrückt und benachteiligt. Die einfache Tatsache, dass sie der slawischen Bevölkerung die gleichberechtigte Teilnahme an der ungarischen Regierung verweigerten, führte laut Albertini zu einer Radikalisierung dieser Bevölkerungsgruppe und stärkte eine radikale panslawische Bewegung in Russland und Südosteuropa. Die Diskriminierung befeuerte den Wunsch nach Befreiung innerhalb der slawischen Bevölkerung. Der Nachbarstaat Serbien wurde zum Fokus eines südslawischen Nationalismus mit dem Wunsch nach Vereinigung aller serbischen Menschen in einem Großserbischen Staat.[67] Die Vorstellung eines solchen Staates war für die herrschenden Kreise in der Habsburgischen Monarchie unvorstellbar.

6.1 Reformen in Mazedonien

In den Jahren nach dem Berliner Kongress gelang es der Türkei nicht, wirksame Reformen in Mazedonien durchzusetzen. In Österreich-Ungarn befürchtete man, dass wenn keine Reform in Mazedonien stattfinden, es dort zu einer Revolution führen würde. Sie glaubten, dass diese Revolution auch nach Österreich-Ungarn übergreifen würde und dort den Zusammenbruch der Habsburgischen Monarchie verursachen würde. Es blieb also auch in der Folge des Berliner Kongresses zu keiner Zeit ruhig auf der Balkanhalbinsel.

6.2 Status Quo auf dem Balkan

Die Bestrebungen der Bulgaren und Mazedonier bedrohten die Pforte und damit den Status Quo auf dem Balkan weiterhin.[68] Der österreichisch-ungarische Außenminister Graf Goluchowski wollte keine territorialen Änderrungen oder neue Selbstverwaltungsbewegungen auf dem Balkan erlauben. Hier zeigt sich, dass Modus 1 (Bündnispolitik) zu Modus 2 (Durchsetzung durch militärische Übermacht) in einem Verhältnis stand, wie Kehrseiten derselben Medaille. Denn hinter der Idee starker Bündnisse, steckte

---

[67]Vgl. Albertini, Luigi: *The Origins of the War 1914. Volume I. European Relations from the Congress of Berlin to the Eve of the Sarajevo Murder*, S.2

[68] Lepsius, Johannes, Bartholdy und Albrecht Mendelssohn Thimme, Friedrich (Hrsg): *Die Große Politik der europäischen Kabinette 1871–1914. Sammlung der Diplomatischen Akten des Auswärtigen Amtes Bd. 12.1, Alte und neue Balkanhändel 1896 - 1899*, Berlin, 1924, No. 2961 vom 23 Mai 1895, S. 121

selbstverständlich folgende Logik: Sofern die geschlossenen Bündnisse mit vereinten Kräften nur ausreichend stark wären, könnten die jeweiligen Interessen bei Bedarf in Modus 2 durch militärische Übermacht durchgesetzt werden. Im April 1897 besuchte Franz Joseph den Zar in St. Petersburg. Gemeinsam demonstrierten die beiden Monarchen ihren gemeinsamen Willen, Konflikte auf dem Balkan zu vermeiden. Als Folge des Zusammentreffens wurde ein österreichisch-russisches Abkommen über den Erhalt des Status Quo am Balkan getroffen. Der österreichisch-ungarische Außenminister Goluchowski hoffte, durch das Abkommen mit Russland würde eine dauerhafte Stabilität der Lage auf dem Balkan eintreten und eine Einteilung der Interessenssphären auf dem Balkan zwischen Pforte, Russland und Österreich-Ungarn erreicht.[69] Die Ziele der österreichisch-ungarischen Außenpolitik in den folgenden Jahren bestanden in der Erhaltung des Status Quo am Balkan und darin, eine „etappenweise Lösung der verschiedenen Balkanfragen" in Absprache mit Russland „anzustreben". So formulierte es der österreichisch-ungarische Botschafter in Berlin Szögyény 1899 in einem Brief an Goluchowsky. Österreich-Ungarn sollte den eigenen Einfluss als Balkanmacht in konservativ-erhaltendem Sinn einsetzen.[70]

6.3 Mürzsteger Reformvorschläge

In den Jahren 1902 und 1903 kam es in Mazedonien zu Aufständen. Als Antwort darauf handelten Russland und Österreich-Ungarn die Mürzsteger Reformvorschläge aus. Man wagte noch zu hoffen, dass die Reformen doch allmählich greifen würden und die explosive Lage in Mazedonien sich würde beruhigen lassen.[71] Die Vorschläge stellten eine Art Ergänzung der Beschlüsse des Berliner Kongresses dar und enthielten konkrete

---

[69] Walters, Eurof: *Austro-Russian Relations under Goluchowski, 1856 – 1906, Unpublished Documents*, in Slavonic and East European Review, Jan 1, 1953;32, S. 487

[70] Walters, Eurof: *Austro-Russian Relations under Goluchowski, 1856 – 1906, Unpublished Documents*, in Slavonic and East European Review, Jan 1, 1953; 32, S.488. Diese Worte stammen aus einem Brief Ladislaus von Szögyény-Marichs, österreichischer Botschafter in Berlin an Agenor Maria Adam Graf Goluchowski, den k.u.k. gemeinsamen Außenminister Österreich-Ungarns von 1895 bis 1906, datiert auf den 29. März 1899.

[71] Apostolova, Stanislava: Das Mürzsteger Reformprogramm (1903 -1908) in der österreichisch-ungarischen Politik, in: Bulgarian Historical Review: Research Quarterly; Organ of the Institute for Historical Studies at the Bulgarian Academy of Sciences = Revue bulgared'histoire, S.42

Vorgehensbeschreibungen für die Verwirklichung der Selbstverwaltungsstatute des Artikels 23 des Berliner Vertrages.

Russland und Österreich-Ungarn konnten sich nicht darauf verlassen, dass Deutschland und England Druck auf die Pforte ausüben würden, um die Reformvorschläge durchzusetzen. Deutschland wollte seine gute Beziehung mit der Pforte nicht aufs Spiel setzen und England war mehr um seinen Einfluss in Ägypten besorgt und hatte, trotz Aufregung der Öffentlichkeit über die Misshandlung von Christen in Mazedonien, weniger Interesse an der Erhaltung des Status Quo auf dem Balkan. Man war schlicht nicht bereit, Druck auf die Pforte auszuüben.[72] In Mazedonien wurden jedoch keine wirksamen Reformen im Sinne des Schutzes der Bevölkerung oder der Verbesserung ihrer Lebensbedingungen umgesetzt. Daher nahmen die Balkanstaaten 1912, ungeachtet der Mahnungen der Großmächte, selbst das Heft in die Hand. Sie zogen in den Krieg gegen die Türkei und teilten in der Folge das Gebiet Mazedoniens ohne Zustimmung der Großmächte unter sich auf.[73]

6.4 Angst vor dem Zusammenruch des eigenen Staates und vor der Gründung eines großen südslawischen Staates

Wie in der Einleitung erwähnt, herrschte seitens der Doppelmonarchie große Angst vor dem Zusammenruch des eigenen Staates und vor der Gründung eines großen südslawischen Staates.[74] Diese Angst stand der Gestaltung einer rationalen österreichisch-ungarischen Außenpolitik im Wege. Furcht vor und Misstrauen gegenüber den Absichten der anderen Großmächte und Balkanstaaten beeinflussten alle Entscheidungen der Doppelmonarchie aus den Jahren 1859 bis 1914.

Bismarck hatte Russland und Österreich-Ungarn die Einteilung des Balkans in Interessenssphären vorgeschlagen. Bulgarien sollte an Russland fallen und Serbien mit Bosnien und Herzegowina an Österreich-Ungarn. Der österreichisch-ungarische Außenminister Kalnoky, hatte diese Einteilung aber abgelehnt. Aus Sicht Russlands kam es noch schlimmer. Der russische Einfluss

---

[72] Ebenda, S. 48
[73] Ebenda, S. 55
[74] Ebenda, S.42

auf dem Balkan schien noch stärker zu schrumpfen, als zunächst am 20. Februar 1887 mit der Erneuerung des Dreibunds zwischen Deutschland, Österreich-Ungarn und Italien beschlossen wurde und ebenso, als am 7. Juli 1887 Prinz Ferdinand von Koburg, ein Offizier der Österreichischen Armee, den Thron von Bulgarien bestieg.[75] Der österreichische Historiker Hugo Hantsch beschrieb die Entwicklung als Isolierung Russlands. Als logische Konsequenz suchte Russland nach einer strategischen Absicherung seiner Interessen. In Kenntnis dieser Lage, bot Bismarck Russland den Rückversicherungsvertrag an, welcher am 18. Juni 1887 vereinbart wurde.[76] Bismarck hatte durch diplomatische Mittel und den Vorschlag der Einteilung die Balkanrivalitäten zwischen Russland und Österreich-Ungarn entschärfen wollen und die Zusammenarbeit aller drei Mächte zu verstärken versucht. Er befürchtete eine Annäherung zwischen Frankreich und Russland und suchte diese zu verhindern. Die Rückversicherungsvereinbarung verfiel 1890 und die Vereinbarung über die Aufteilung des Balkans in Interessenssphären kam nie zustande. So blieb die Zukunft sowohl im Hinblick auf den Streit zwischen der Doppelmonarchie und dem Zarenreich, als auch bezüglich der Annäherung Frankreichs und Russlands offen.

6.5 Bosnien und Herzegowina fallen unter den Einfluss Österreich-Ungarns

Im Artikel XXV des Berliner Vertrags heißt es: „Die Provinzen Bosnien und der Herzegowina werden von Österreich-Ungarn verwaltet werden."[77]
Es herrschte schon länger praktisch Anarchie in diesem Gebiet und die Türkei war nach dem Krieg mit Russland nicht mehr im Stande, dort Ruhe und Ordnung wiederherzustellen. Schon am 8. Juli 1876 in der Vereinbarung von Reichstadt und am 15. Januar 1877 im Budapester Vertrag, hatten Russland und Österreich-Ungarn sich darauf geeinigt, dass die Provinzen Bosnien und Herzegowina unter die direkte Herrschaftsverantwortung der Doppelmonarchie

---

[75] Vgl. Hantsch, Hugo: *Die Geschichte Österreichs, Sonderausgabe, Bd II*, Graz 1994, S.474-475
[76] Ebenda, S. 476
[77] *Vertrag zwischen Deutschland, Oesterreich-Ungarn, Frankreich, Großbritannien, Italien, Rußland und der Türkei.* Fundstelle: Deutsches Reichsgesetzblatt Band 1878, Nr. 31, Seite 307 - 345, Fassung vom: 13. Juli 1878, Bekanntmachung:, 11. September 1878, Wiki Source, https://de.wikisource.org/wiki/Vertrag_zwischen_Deutschland,_Österreich-Ungarn,_Frankreich,_Großbritannien,_Italien,_Rußland_und_der_Türkei._(Berliner_Vertrag), Abgerufen am 16.05.2020

fallen würden. Auf dem Berliner Kongress hatte England den Antrag auf die Okkupation Bosniens und Herzegowinas durch Österreich-Ungarn gestellt. Auch der russische Botschafter in Großbritannien Pjotr Andrejewitsch Schuwalow forderte Österreich-Ungarn während des Kongresses auf, die Okkupation vorzunehmen. Deutschland unterstützte diesen Vorschlag und sogar kleine slawische Länder wie Montenegro waren einverstanden mit dieser Lösung.[78] Novotny vermutete, dass die Okkupation Bosnien-Herzegowinas 1878 durch den Wunsch Franz Josephs beeinflusst worden war, einen Ausgleich im Osten für die Verluste an Italien zu bekommen. Bosnien-Herzegowina würde strategisch als Schutzzone gegen die feindliche Bedrohung aus Serbien dienen. Die Auswirkung der Okkupation Bosnien-Herzegowinas auf den Verlauf der Geschichte ist umstritten. Novotny beurteilte den Schritt als Erfüllung einer Pflicht Österreich-Ungarns zur Befreiung der Balkanvölker vor der Unterdrückung durch die Osmanischen Herrscher.[79] Die Okkupation sei 1878 eine überfällige Pflichterfüllung Österreich-Ungarns gewesen, weil die Christen ein Recht auf Schutz vor türkischer Unterdrückung gehabt hätten.[80]

Österreich-Ungarn stand unter dem Eindruck, dass die russische Seite ihnen die Okkupation Bosnien-Herzegowinas sowie die spätere Schaffung von Albanien und die Verfügung über die Landstriche Sandschak Novi Pazar ohne weiteres zugestanden hätte. Auf russischer Seite dagegen meinte man, lediglich ein grundsätzliches Einverständnis gegeben zu haben, darüber zu verhandeln und erwartete im Gegenzug jeweils gewisse Kompensationen dafür zu bekommen. Eine russische Note dazu vom 17. Mai 1897 zeigt unmissverständlich, dass diese Veränderungen von Russland keinesfalls als so endgültig geklärt angesehen wurden, wie nach Auffassung Österreich-Ungarns:

> „… we deem it necessary to observe that the Treaty of Berlin assures to Austria-Hungary the right of military occupation of Bosnia and

---

[78] Kleinwächter, Friedrich: *Die Annexion Bosniens und der Herzegowina*, in: *Zeitschrift für Politik*, Jahrgang 1910, Bd. 3, S. 141

[79] Vgl. Novotny, Alexander: *Quellen und Studien zur Geschichte des Berliner Kongresses 1878. I. Band, Österreich, die Türkei und das Balkanproblem im Jahre des Berliner Kongresses*, Graz. 1957, *Veröffentlichungen der Kommission für neuere Geschichte Österreichs*, Bd. 44, S.17

[80] Novotny, Alexander: *Quellen und Studien zur Geschichte des Berliner Kongresses 1878. I. Band, Österreich, die Türkei und das Balkanproblem im Jahre des Berliner Kongresses*, Graz. 1957, *Veröffentlichungen der Kommission für neuere Geschichte Österreichs*, Bd. 44, S. 18, Novotny folgt hier mit seinem Urteil dem starken Sendungsbewusstsein der zeitgenössischen österreichisch-ungarischen Staatslenker.

Herzegovina. The annexation of these two provinces would raise a more extensive question, which would require special scrutiny at the proper times and places. As to the Sanjak of Novibazar, there would also be the necessity to specify its boundaries, which, indeed, have never been sufficiently defined.

It seems to us that points . . . having regard to the eventual formation of a principality of Albania and to the equitable partition of all the territory to be disposed of between the different small Balkan States, touch upon questions of the future which it would be premature and very difficult to decide at present."[81]

Trotz solcher Missverständnisse bleib es vorerst bei einem friedlichen Nebeneinander der beiden Kontrahenten Russland und Österreich-Ungarn auf der Balkanhalbinsel. Vorerst gab es zwischen 1897 und 1908 keine tatsächlichen Änderungen des Status Quo. Die Annexion Bosnien-Herzegowinas 1908 brachte schließlich den Bruch in der bis dahin noch intakten Beziehung zwischen Russland und Österreich-Ungarn. Nach der Annexion herrschten auf der russischen Seite dauerhaftes Misstrauen und Wut.[82]

6.6 Die Annexion Bosniens und Herzegowinas

Im Juli 1908 revoltierte die Bewegung der so genannten Jungtürken in der Türkei. Dieser Umsturz bedeutete das Ende der Reformanstrengungen. Das Scheitern der Reformversuche bedeutete für Bulgarien, dass als Mittel der eigenen Interessensvertretung auf dem Gebiet Mazedoniens nur noch der Krieg blieb.[83] Der österreichisch-ungarische Außenminister Aehrenthal war bereit, einer Vergrößerung Bulgariens zuzustimmen. Er hatte bereits seit 1906 mit dem Annexionsplan für Bosnien-Herzegowina eine expansive Außenpolitik auf dem Balkan betrieben. Bulgarien sah er als nützlichen Verbündeten gegen Serbien, welches sich Russland zugewandt hatte und Österreich-Ungarn enttäuscht und

[81]Jelavich, Barbara: *Russia's Balkan entanglements 1806 – 1914*, Cambridge, 1991, S. 212
[82]Jelavich, Barbara: *Russia's Balkan entanglements 1806 – 1914*, Cambridge, 1991, S. 212
[83] Apostolova, Stanislava; *Das Mürzsteger Reformprogramm (1903 -1908,) in der österreichisch-ungarischen Politik, in: Bulgarian Historical Review: Research Quarterly; Organ of the Institute for Historical Studies at the Bulgarian Academy of Sciences = Revue bulgared'histoire, S.64*

feindselig gegenüberstand.[84] Nach Ausbruch der Revolution in der Türkei entsandten bosnische Mohammedaner eine Deputation in die Türkei, um für Unterstützung ihrer Bevölkerung in Bosnien zu werben. Außerdem sollte die Deputation die Frage erörtern, ob Abgeordnete aus Bosnien ins neue türkische Parlament gewählt werden könnten. Franz Joseph reagierte auf diese Bedrohung der Machtstellung der Doppelmonarchie mit einem Handschreiben vom 5. Oktober 1908, in dem er die Annexion Bosniens und Herzegowinas durch Österreich-Ungarn bekannt gab.

Novotny warf die Frage auf, ob die Annexion in der Forschung als schwerer Verstoß gegen das Völkerrecht gesehen sollte? Die Frage ist bis heute umstritten. Novotny war überzeugt, dass die Annexion manche Balkanslawen schwer gekränkt hatte und bei einem größeren Teil der serbischen und bosnischen Bevölkerung psychologisch eine tiefe Verletzung hinterlassen hatte. Clark ordnet die Annexion Bosniens als Demütigung für Russland ein und nennt sie ein Beispiel „österreichischer Perfidität". Er meint, dass Russland in Balkanfragen fortan isoliert war. Weder England noch Frankreich hätten ein Interesse daran gehabt, Partei für Russland zu ergreifen.[85] Als Reaktion der Erklärung der Annexion Bosniens und Herzegowinas 1908 durch Österreich-Ungarn folgte jedoch Protest von fast allen anderen Großmächten, von Serbien und der Türkei. Nur Deutschland unterstützte den Schritt. Obwohl Bosnien und Herzegowina seit der Okkupation in der Folge des Berliner Kongresses vor 30 Jahren vollständig durch Österreich-Ungarn verwaltet wurden und in das Reich integriert waren, wollten die anderen Unterzeichner des Vertrags von Berlin geltend machen, dass eine Annexion gemäß den Paragrafen des Berliner Vertrages nicht rechtmäßig sei, sofern nicht alle Unterzeichner einverstanden wären. Dagegen sprach, dass der russische Minister des Äußern Alexander Petrowitsch Iswolski im September 1908 in Buchlau in einer geheimen Absprache mit Aehrenthal sein Einverständnis mit der Annexion erklärt hatte. Als Ausgleich sollte Österreich-Ungarn den russischen Wunsch unterstützen, die Öffnung der Meerengen am Bosporus und an den Dardanellen für russische

[84] Apostolova, Stanislava; *Das Mürzsteger Reformprogramm (1903 -1908) in der österreichisch-ungarischen Politik*, in: *Bulgarian Historical Review: Research Quarterly; Organ of the Institute for Historical Studies at the Bulgarian Academy of Sciences = Revue bulgared'histoire*, S. 65
[85] Clark, Christopher: *The Sleepwalkers. How Europe went to War in 1914*, London, 2012, S. 259

Kriegsschiffe zu erreichen. Russland akzeptierte die Annexion schließlich, nachdem Deutschland erklärt hatte Österreich-Ungarn notfalls militärisch zu unterstützen. Die Türkei einigte sich mit Österreich-Ungarn und akzeptierte eine finanzielle Entschädigung für den Verlust der beiden Provinzen. Unter dem Druck Russlands erklärte sich schließlich auch Serbien mit der Annexion einverstanden und war bereit, den neuen Status der Provinzen voll anzuerkennen.

Dieser gewagte Schritt Österreich-Ungarns, mit der Unterstützung Deutschlands führte in dieser Situation nicht zu einem Krieg, weder mit Russland, noch mit Serbien. In der Praxis wurde am Gleichgewicht der Macht in der Region nichts geändert und die Krise wurde durch eine einvernehmliche Vereinbarung zwischen Österreich-Ungarn und der Türkei gelöst. Frankreich und England gaben daraufhin ihren Widerstand gegen die Annexion ebenfalls auf. Die Annexion wurde nach und nach von den Balkannachbarstaaten, der Türkei und allen Großmächten akzeptiert. In Serbien erzeugte die Annexion jedoch einen unüberwindbaren Hass, der in der Folge einen beträchtlichen Beitrag zum Ausbruch des Ersten Weltkriegs geleistet hat. Lange Zeit war das internationale Ziel die Erhaltung des Osmanischen Reiches. Das einstmalige Großreich, welches sich im 17. Jahrhundert bis in das Herz Europas ausgedehnt hatte, galt den anderen Großmächten an der Wende zum 20. Jahrhundert nicht mehr als Bündnispartner auf Augenhöhe. Die Entstehung starker Nationalstaaten auf dem Balkan war gefürchtet, sowohl in Russland als auch in Österreich-Ungarn. Man fürchtete in Russland, dass solche gestärkte Staaten die Kontrolle über die Meerengen gewinnen könnten. In Österreich-Ungarn herrschte die Furcht, dass die slawische Bevölkerung innerhalb Österreich-Ungarns ermuntert werden könnten, ebenfalls die Unabhängigkeit anzustreben. Diese Möglichkeiten galten als tödliche Gefahr für die beiden großen Reiche. Falls die Erhaltung des Osmanischen Reiches nicht gelingen sollte, wollten Russland und Österreich-Ungarn beiderseits so starken Druck auf die Völker des Balkans ausüben, dass die Volksgruppen innerhalb ihrer Reiche keine Hoffnung auf Selbstbestimmung sollten hegen können.

6.7 Deutschland als entscheidender Mitspieler

Noch am Anfang des neuen Jahrhunderts bestand die Hoffnung, dass eine Befriedung der Völker des Balkans und ein Ausgleich der Interessen der Großmächte, besonders derer Österreich-Ungarns und Russlands möglich seien. Es war den Staatsmännern in Österreich-Ungarn bewusst, dass sie dabei auf Hilfe aus Deutschland angewiesen waren. Der österreichisch-ungarische Botschafter in Berlin Ladislaus von Szögyény-Marich brachte diese Gedanken in einem Brief vom 29. März 1899 an Außenminister Goluchowski zum Ausdruck.[86] Szögyény glaubte, Österreich-Ungarn brauche Deutschland um seine Interessen gegenüber Russland durchsetzen, falls die Türkei ihren Halt auf dem Balkan verlöre. Deutschland war daran interessiert, russische Macht und russischen Einfluss auf dem Balkan zu begrenzen. So wollte man die deutschen Wirtschaftsinteressen schützen, die sich immer weiter auf dem Balkan ausbreiteten. Szögyény hatte erkannt dass Bismarcks Behauptung, Deutschland habe überhaupt kein Interesse am Balkan „geflügelte Worte von Bismarck" gewesen waren, die nicht der Wahrheit entsprochen hatten. Tatsache war laut Szögyény, dass Deutschland handfeste wirtschaftliche Interessen in Südosteuropa hatte und zudem keine, aus deutscher Sicht, „Umklammerung" von Slawen im Süden dulden konnte. Szögyény war sich sicher, dass Deutschland im Jahr 1898 „sehr bedeutende materielle Interessen im europäischen Orient" hatte, denen eine zu große Ausbreitung des russischen

Einflusses dort schaden konnte.

Das deutsche Auswärtige Amt handelte noch in der Tradition Bismarcks. Seine Nachfolger versuchten in seiner Nachahmung autoritativ und schroff aufzutreten. Es fehlte ihnen laut Szögyény aber an Weitblick und kluger Mäßigung. Aus diesem Grund und aufgrund der deutschen Interessen dort, gäben sie wenig auf den Rat Österreich-Ungarns in Sachen Balkan. Leider würde Deutschland seine eigenen, zum Teil „eingebildete Interessen" in den Vordergrund stellen und Österreich-Ungarn oft dabei benachteiligen. Bei konkreten Forderungen, welche die vitalen Interessen Österreich-Ungarns beträfen, glaubte Szögyény sich aber doch auf Deutschland verlassen zu

---

[86] Walters, Eurof; *Austro-Russian Relations under Goluchowski, 1856 – 1906, Unpublished Documents,* in Slavonic and East European Review, Jan 1, 1953;32, S. 486 - 498

können. Dabei glaubte er sich auf die Äußerungen Willhelms II. stützen zu können, der immer wieder die Bündnistreue beschwor. Im Fall eines Krieges zwischen Österreich-Ungarn und Russland, so hatte Wilhelm II. schon vor der Jahrhundertwende erklärt, würde Deutschland nicht zögern, auf der Seite Österreich-Ungarns gegen Russland zu kämpfen. Gegenüber Szögyény sollte Wilhelm II. erklärt haben:

> „Übrigens ist ja Seine Majestät Kaiser Franz Joseph auch preussischer
> Feldmarschall, da braucht Er ja nur zu befehlen und meine Armee wird
> Ihm folgen."[87]

Unter dem Eindruck dieser „Gewissheit" dürfe Österreich-Ungarn seine Politik auf dem Balkan gegenüber Russland selbstbewusst und aktiv verfolgen.

Aehrenthal, derzeit Botschafter für Österreich-Ungarn in St. Petersburg folgte ab 1906 auf Goluchowski als Außenminister und verfolgte diese Linie der österreichisch-ungarischen Außenpolitik weiter. Im Gegensatz zu den Nachfolgern Goluchowskis, Aehrenthal und Berchtold, empfahl Szögyény Österreich-Ungarn die Krisen und Angelegenheiten auf dem Balkan weiterhin in Einvernehmen mit Russland zu regeln. [88]

Ab 1903 veränderte sich die Lage auf dem Balkan allmählich aber konstant, sodass eine Zusammenarbeit Österreich-Ungarns mit Russland in Krisensituationen immer schwieriger wurde. Die Ermordung des serbischen Königs und seiner Frau brachten ein sehr pro-russisches Regime in Serbien an die Macht. Damit hatte Österreich-Ungarn seinen Einfluss auf die inneren Angelegenheiten Serbiens komplett verloren. Mit dem Schweinekrieg von 1906 zwischen Serbien und Österreich-Ungarn und darauf folgend mit der Annexion Bosnien und Herzegowinas 1908 endete die Zusammenarbeit beider Länder endgültig. Die Beziehung zwischen Serbien und Österreich-Ungarn war ein für allemal vergiftet. Während der gesamten Zeit kooperierten Russland und Österreich-Ungarn kaum miteinander und verfolgten beiderseits ihre eigenen strategischen Machtziele. Ihre Interessen kollidierten schließlich in Serbien.

---

[87] Walters, Eurof; *Austro-Russian Relations under Goluchowski, 1856 – 1906, Unpublished Documents,* in Slavonic and East European Review, Jan 1, 1953;32, S. 498
[88] Walters, Eurof; *Austro-Russian Relations under Goluchowski, 1856 – 1906, Unpublished Documents,* in Slavonic and East European Review, Jan 1, 1953;32

6.8 Bündnisblöcke ersetzen das Konzert der Mächte und der Dreibund driftet auseinander

Zwischen 1815 und 1911 hatte in Europa kein allgemeiner Krieg mehr stattgefunden. Das so genannte „Konzert der Mächte" hatte gewährleistet, dass durch den Einsatz diplomatischer Mittel ein Gleichgewicht gewahrt werden konnte. Krisen waren durchaus wiederholt aufgetreten: der Krim Krieg, der Berliner Kongress 1878 nach dem Krieg zwischen der Türkei und Russland und die Bulgarien-Krise in den 1880er Jahren. Außerdem hatte das „Konzert der Mächte" immer die russische Expansion Richtung Konstantinopel einzudämmen versucht. 1887 teilte Bismarck dem russischen Botschafter allerdings mit, dass Deutschland keine Einwände gegen eine russische Übernahme der Meerengen und selbst Konstantinopels habe.

7. Die Balkankriege

Als Italien 1911 seinen Eroberungszug in Tripolis begann, gab es laut Christopher Clark kein „Konzert der Mächte" mehr. Schließlich hatte sich Europa in zwei antagonistische Bündnisblöcke geteilt.[89]

7.1 Italien greift Libyen an

Im Oktober 1911 griff Italien in Libyen das Osmanische Reich an und ein Jahr später, im Oktober 1912 begann auf der Balkanhalbinsel der Balkanbund seinen Befreiungskrieg gegen die Türkei. Keine der Großmächte ergriff für das Osmanische Reich Partei. Lediglich Russland hatte sich Sorgen gemacht, dass Bulgarien bis zu den Meersengen gelangen und auch Konstantinopel unter seine Kontrolle bringen könnte und dabei die russischen Pläne für einen freien Durchgang für seine Kriegsschiffe durch die Meeresengen durchkreuzen könnte.

In Europa erfuhr das Osmanische Reich nur noch durch Deutschland Unterstützung. Russland hatte den Balkanbund unterstützt, um die

---

[89] Clark, Christopher: *The Sleepwalkers. How Europe went to War in 1914*, London, 2012, S. 250-252

Balkanvölker vom Osmanischen Reich zu befreien und die Ausbreitung des Einflusses Österreich-Ungarns auf der Balkanhalbinsel zu beschränken. Dadurch hatte Russland auch die Hoffnung, die Ereignisse auf dem Balkan unter seiner Kontrolle zu behalten

7.2 Balkankriege führen zur Europäischen Krise.

Als der erste Balkankrieg ausbrach befürchtete Russland, Bulgarien könne die Kontrolle über Konstantinopel gewinnen und Russland würde die Möglichkeit der ungehinderten Querung der Meerengen verlieren.[90]

Ab Oktober 1912 begann Russland mit einem massiven Truppenaufbau an der Grenze zu Österreich-Ungarn. Österreich-Ungarn reagierte seinerseits mit dem Aufbau eines großen Truppenkontingents an der russischen Grenze. Finanziell und politisch stellte diese Winterkrise zwischen Russland und Österreich-Ungarn beide Seiten vor große Schwierigkeiten. Es kam zu diesem Zeitpunkt noch nicht zum Krieg. Russland bezweckte, Österreich-Ungarn davon abzuhalten direkt in den Ersten Balkankrieg einzugreifen. In dieser Situation wagte Österreich-Ungarn ein solches direktes Eingreifen mit eigenen Truppen jedoch ohnehin nicht. Die finanziellen Lasten des Truppenaufbaus waren zu groß, um diesen viel länger aufrecht zu erhalten. Die Mobilisation kostete von Oktober 1912 bis März 1913 zusätzliche 390 Millionen Kronen. Das entsprach den üblichen Ausgaben für das Militär über ein ganzes Jahr.[91] Ab Januar 1913 begann Österreich-Ungarn die Truppenstärke an der Grenze zu reduzieren. Die Krise zeigte dass Russland bereit war, sich außenpolitisch mit militärischen Maßnahmen durchzusetzen.[92]

Auf der russischen Seite entstand nach dieser Krise eine ähnliche Stimmung. Die Krise war eine Art Generalprobe für den Weltkrieg, der aufgrund der rivalisieren Ansprüche Russlands und Österreich-Ungarns auf den Einfluss und die Kontrolle über die Ereignisse auf dem Balkan auszubrechen drohte. 1913 kam es noch nicht zum Krieg, weil weder Russland noch Österreich-Ungarn es

---

[90] Clark, Christopher: *The Sleepwalkers. How Europe went to War in 1914*, London, 2012, S. 264
[91] Clark, Christopher: *The Sleepwalkers. How Europe went to War in 1914*, London, 2012, S. 292
[92] Clark, Christopher: *The Sleepwalkers. How Europe went to War in 1914*, London, 2012, S. 270

dieses Mal gewagt hatten, eigene Truppen in das Kriegsgebiet auf dem Balkan zu entsenden.

7.3 Russische Außenpolitik gerät aus den Fugen.

1912 verfolgte die russische Politik noch den Plan, den Status Quo des Osmanischen Reiches zu erhalten, damit kein anderes Land die Kontrolle über den Zugang zum Schwarzen Meer erlangen könnte. Für Russland war die freie Durchfahrt seiner Handelsschiffe für die eigene Wirtschaft überlebenswichtig. So erklärte sich auch die hohe militärische und geopolitisch-strategische Bedeutung dieses Seeweges. Die türkischen Meerengen waren für Russland dermaßen wichtig, dass es zu jeder Zeit einen Krieg dafür riskiert hätte.[93]

Als Pjotr Arkadjewitsch Stolypin, der das Amt des russischen Premierministers von 1906 bis 1911 inne hatte, erschossen wurde und Sergei Dmitrijewitsch Sasonow, der von September 1910 bis Juli 1916 Außenminister war, schwer erkrankte, geriet 1911 die russische Außenpolitik am Balkan und im Orient durcheinander. Stolypins Nachfolger Graf Wladimir Nikolajewitsch Kokowzow, der von 1911 bis 1914 Ministerpräsident von Russland war, und Anatoli Anatoljewitsch Neratow, der während Sazonows Krankheit interimsmäßig die Amtsgeschäfte im Außenministerium leitete, waren nicht in der Lage die Botschafter in Konstantinopel oder Belgrad koordiniert zu steuern.

Beide verfolgten eigenständig ihre eigenen, sich widersprechenden Politiken. Als 1911 der Krieg zwischen Italien und der Türkei über Libyen ausbrach, unternahm Nikolai Walentinowitsch Tscharykow, Russlands Botschafter in Konstantinopel, einen Versuch bei den Türken durch Verhandlungen die Öffnung der Meerengen am Bosporus und den Dardanellen für russische Kriegsschiffe zu erreichen. Dafür sollte Russland der Türkei eine Garantie auf Konstantinopel und seine angrenzenden Territorien sowie Unterstützung beim Bau von Eisenbahnstrecken durch Anatolien zusichern.[94]

---

[93]Bobroff, Ronald: *Behind the Balkan Wars: Russian Policy toward Bulgaria and the Turkish Straits 1912-13"* In: *The Russian Review*, Vol. 59, No. 1 (Jan., 2000), S. 76-95

[94] Mosley, Philip E. ; *Russian Policy in 1911 -12* in: *The Journal of Modern History* Vol. 12, No. 1 (Mar 1940), S. 73; siehe auch Helmreich, Ernst Christian: *The Diplomacy of the Balkan Wars 1912-1913*, New York, 1969, S 51 – 52 und Bickel, Otto: *Der Balkanbund als Mittel der russischen Politik zur Lösung der Meerengenfrage. Tscharykow's vergebliches Bemühen um die Verwirklichung seines Planes und das*

Dagegen schmiedete der Botschafter in Belgrad Nikolaus Hartwig mit Serbien und Bulgarien Pläne für ein aggressives Vorgehen gegen die Türkei.[95] Hartwigs Pläne richteten sich zugleich gegen weitere Ausbreitung des Einflusses von Österreich-Ungarn auf dem Balkan. So wurde die Kriegsgefahr zwischen Russland und Österreich mit dem von Russland geschaffenen Balkanbund extrem erhöht. Russland wollte auf jeden Fall eine weitere Annexion (Sandschak Novi Pazar) durch Österreich-Ungarn verhindern. Sollte Österreich ein militärisches Vorgehen gegen Serbien versuchen oder gar Anstalten machen, die Sandschak Novi Pazar zu okkupieren, würde es sich in einem Krieg mit den Balkanbundstaaten, unterstützt durch Russland begeben. Russland hatte jedoch nie die Kontrolle über den Balkanbund. Die Staaten betrieben eine eigene Politik. Allerdings waren sie auch unter sich keineswegs einig darüber, wie das restliche Gebiet (türkisch Mazedonien) unter ihnen aufgeteilt werden sollte. Den Krieg gegen die Türkei begannen sie schließlich ohne vorherige Konsultation Russlands.[96]

Zu Beginn des italienischen Angriffs auf Tripolis schien die Situation für die Russen günstig, die Notlage der Türkei auszunutzen um ihre Forderungen der freien Fahrt in den Meerengen für russische Kriegsschiffe durchzusetzen. Doch nach Ablauf mehrerer Monate war die Stimmung bei den Türken umgeschwungen. Die zurückhaltenden und ablehnenden Reaktionen von Frankreich und England hatten die russische Hoffnung vertrieben.

Am 9. Dezember 1911 wurde das ganze Unternehmen von Sasonow abgeblasen, der seit März wegen Krankheit seinen Posten als Außenminister nicht hatte ausfüllen können. Er hatte sich in Paris auf dem Weg zurück nach

---

Scheitern seiner Politik im Herbst 1911, Kapital IV. 1., S. 73- 95, in: *Rußland und die Entstehung des Balkanbundes 1912 : Ein Beitrag zur Vorgeschichte des Weltkrieges. Dargestellt vorwiegend auf Grund des amtlichen Aktenmaterials*, Reihe: *Osteuropäische Forschungen*. Im Auftrag der Deutschen Gesellschaft zum Studium Osteuropas herausgegeben von Otto Hoetzsch, Neue Folge, Band 14, Königsberg Pr. und Berlin, 1933
[95] Bickel, Otto: *Das Zustandekommen des serbisch-bulgarischen Bündnisses unter Hartwigs Mitwirkung am 13 März 1912, Kapital IV, 2.*, S 95 - 120, in: *Rußland und die Entstehung des Balkanbundes 1912 : Ein Beitrag zur Vorgeschichte des Weltkrieges. Dargestellt vorwiegend auf Grund des amtlichen Aktenmaterials*, Reihe: *Osteuropäische Forschungen*. Im Auftrag der Deutschen Gesellschaft zum Studium Osteuropas herausgegeben von Otto Hoetzsch, Neue Folge, Band 14, Königsberg Pr. und Berlin, 1933; und Clark, Christopher: *The Sleepwalkers. How Europe went to War in 1914*, London, 2012, S. 260
[96] Clark, Christopher: *The Sleepwalkers. How Europe went to War in 1914*, London, 2012, S. 263

Moskau gemacht, um den Dienst wieder aufzunehmen. Damit endete eine Phase der Entspannung zwischen der Türkei und Russland. Die Angelegenheit hatte sich in einen diplomatischen Eklat für die Russen und Tscharykow verwandelt, der schließlich im März 2012 aus Konstantinopel abberufen wurde.

> „The jettisoning of the Charykov (*Tscharykow*) negotiation now restored a degree of coherence to Russia's Balkan policy; freed of its turkophil incubus, it strove with even greater energy to create a united front of the Balkan Slavs against both Austria and Turkey."[97]

Nun wandte sich die russische Politik in eine scharfe antitürkisch-antiösterreichische Richtung. Der Balkanbund zwischen Bulgarien und Serbien wurde gegen die Türkei und gegen den Einfluss und die Expansion Österreich-Ungarns auf der Balkanhalbinsel unterstützt.

Weder Frankreich noch England wollten russischen Kriegsschiffen den Zugang zum Mittelmeer gewähren und da Russland sich keine Spannungen mit der Entente leisten konnte, gewann die Politik Hartwigs die Unterstützung aus Moskau.

> „England would not favor a Russo-Turkish treaty during the war; it would ruin the campaign to win Italy to the side of the Triple Entente, and, in any case, Russia could not give a guarantee to the Port without abandoning her proclaimed neutrality"[98]

7.4 Italien wendet sich vom Dreibund ab und holt sich Unterstützung von den Ententemächten

Schon vor 1900 und bis zum Ausbruch des Ersten Weltkriegs vertiefte Frankreich zunehmend seine Beziehungen zu Russland und England. Einen Versuch Italien an sich zu binden, gab es aber nie. Raymond Poincaré, vom 18. Februar 1913 bis 17. Februar 1920 Staatspräsident von Frankreich war, war überzeugt, dass Italien nie in einem Konflikt zwischen den Entente-Mächten mit

---

[97]Mosley, Philip E. ; *Russian Policy in 1911 -12* in: *The Journal of Modern History* Vol. 12, No. 1 (Mar 1940), S.74

[98]Mosley, Philip E. ; *Russian Policy in 1911 -12* in: *The Journal of Modern History* Vol. 12, No. 1 (Mar 1940), S.74

Deutschland und Österreich-Ungarn kämpfen würde.[99] Italien wurde praktisch von allen Großmächten als unzuverlässiger Bündnispartner angesehen. England, Frankreich und Russland hatten nichts gegen die Eroberung Libyens durch Italien einzuwenden.[100]

7.5 Deutschland und Italien halten Österreich-Ungarn noch zurück

Im ersten Balkankrieg hätte Österreich-Ungarn gern zugunsten Bulgariens Serbien angegriffen, aber sie wurden durch Druck aus Deutschland und Italien zur Zurückhaltung gezwungen.[101] Leopold Graf Berchtold, Minister des kaiserlichen und königlichen Hauses und des Äußern von Österreich-Ungarn in der Zeit vom 17. Februar 1912 bis zum 13. Januar 1915 berichtete, dass Wilhelm II. mit ihm einig gewesen sei: Eine weitere Machtsteigerung der Slawen auf dem Balkan müsse verhindert werden. Österreich-Ungarn sah sich bedroht von den neuen Balkanstaaten und strebte danach, seine Machtstellung gegen die stärker werdenden Balkanstaaten zu festigen und auszubauen.[102]

Berthold berichtete über eine Ausführung des Kaisers Wilhelm II, welche die Überzeugung der Herrschenden in der Doppel-Monarchie sehr präzise widerzuspiegeln schien:

> „Und wenn sie glaubten, daß ihr Heil von Belgrad zu erwarten sei, dann müsse ihnen dieser Glaube genommen werden. Mit Serbien könne es für Österreich-Ungarn kein anderes Verhältnis geben, als jenes der Abhängigkeit des Kleineren vom Größeren nach dem Planetensystem, wie überhaupt sich der Kaiser (so fährt Berchtolds Aufzeichnung über das Gespräch fort) keine andere Orientierung am Balkan denken könne, als die Vormachtstellung der Monarchie gegenüber allen dortigen Staatswesen."[103]

Es gab viele unterschiedliche ethnische Gruppierungen auf der Balkanhalbinsel innerhalb der Grenzen und südlich des Doppelstaats Österreich-Ungarn, aber für Berchtold und andere der Führungsschicht, besonders in Teilreichen

---

[99] Clark, Christopher: *The Sleepwalkers. How Europe went to War in 1914*, London, 2012, S. 250
[100] Clark, Christopher: *The Sleepwalkers. How Europe went to War in 1914*, London, 2012, S. 245
[101] Fischer, Fritz: *Krieg der Illusionen*, S. 304
[102] Fischer, Fritz: *Krieg der Illusionen*, S. 312
[103] Fischer, Fritz: *Krieg der Illusionen*, S. 313

Ungarns, steigerte sich das Gefühl der Bedrohung in eine übersteigerte Slawenangst. Der Frust dass Russland die Hand über diese Staaten hielt, wurde bis zum Ausbruch des Krieges mit Serbien immer größer.

Die deutsche Reichsleitung hätte einen Balkanbund aus Rumänien, Griechenland und Bulgarien gerne gesehen. Für die Reichsleitung hätte ein solcher Bund im Gegensatz zu einem von russischer Seite geförderten Bund aus Serbien, Montenegro und Bulgarien gestanden. Wilhelm II. hatte gehofft, seine familiären Verbindungen mit Karl von Rumänien nutzen zu können, um Rumänien dazu zu bewegen Serbien und die Türkei für den Bund zu gewinnen. Dies scheiterte jedoch an der antiserbischen Politik Österreich-Ungarns. Für Österreich-Ungarn wurde hingegen die Schaffung Albaniens zur Priorität, um für Serbien den Weg zur adriatischen Küste zu blockieren. Der deutsche Kaiser, die Reichsleitung und das Militär glaubten, dass ein Krieg mit Russland unvermeidlich sei. Offen blieb für sie nur die Frage, wann dieser Krieg am besten zu beginnen wäre. Nach der Einschätzung Fritz Fischers hätte die von Deutschland gewünschte Bundkonstellation einschließlich Italiens bedeutet, dass auch Österreich-Ungarn im Fall eines Kriegs der Mittelmächte gegen Russland seine Südflanke völlig frei gehabt hätte. Damit hätte es sich mit voller Kraft gemeinsam mit Deutschland gegen Russland einsetzen können.[104] Als Österreich-Ungarn sich in Frankreich um finanzielle Hilfe bei der Finanzierung seiner Orientbahn bemühte, weckte dies in Berlin die Sorge, Österreich-Ungarn könne sich vom Bündnis abwenden. Österreich-Ungarn war mit dem Deutschen Bündnispartner wegen dessen Rolle in den Vermittlungen um die Krise der Balkankriege und der Bukarester Verhandlungen enttäuscht. Die Reichsleitung in Berlin war sich durchaus bewusst, dass Deutschland seine Partner in Wien unbedingt weiter an sich binden musste, wenn es nicht gänzlich isoliert dastehen wollte.

7.6 Der zweite Balkankrieg

Die Verteilung der Territorien war mit dem Ende des Ersten Balkankriegs keineswegs geklärt. Am 29. Juni 1913 eröffnete Bulgarien erneut den Krieg gegen Griechenland und Serbien. Der Zweite Balkankrieg alarmierte

---

[104] Fischer, Fritz: *Krieg der Illusionen*, S. 309

Österreich-Ungarn. Die Angst vor der panslawischen Bewegung und deren destabilisierender Wirkung für Österreich-Ungarn, machte die Führung in Wien sehr nervös. Am liebsten hätte der Generalstabchef der österreichischen Armee Franz Xaver Josef Conrad von Hötzendorf unmittelbar Truppen nach Serbien geschickt, um dort den Staat Serbien von der Landkarte zu löschen. Diese Vorstellung war allerdings vollkommen unrealistisch, zumal Serbien schon seit Jahren unter dem Schutz Russlands stand. Ein Angriff auf Serbien hätte nicht nur im Jahre 1914, sondern auch schon viel früher jederzeit ein militärisches Eingreifen Russlands hervorgerufen.[105]

Im November 1912 war Wilhelm II. wegen der Krise anlässlich der serbischen Besetzung des albanischen Gebiets keinesfalls bereit, einen Krieg gegen Frankreich und Russland zu beginnen. Während der Albanischen Krise teilte Franz Ferdinand eine ähnliche Einstellung zum Krieg über die Balkangebiete. Christopher Clark umschreibt Franz Ferdinands (in einem Brief an Berchtold vom 12 Oktober 1913 zum Ausdruck gebrachte) Haltung so:

> „He did not, he concluded, believe there 'existed any necessity' for war. The pressure to wage it came from those servants of the Austro-Hungarian crown who 'consciously or unconsciously worked to damage the monarchy'"[106]

Clark will zeigen, dass Franz Ferdinand nicht bereit gewesen war, einen Krieg wegen Serbien auf der Balkanhalbinsel mit Russland zu suchen. Durch das serbo-bulgarische Abkommen aber strebte Russland das alleinige Sagen auf dem Balkan und die Auflösung der restlichen Herrschaftsgebiete der Türkei in Europa an. Dabei sei Russland laut Clark durchaus bereit gewesen, einen Krieg mit Österreich-Ungarn zu riskieren. Frankreich sei durch seine Verträge mit Russland nicht in der Lage gewesen, sich aus diesem Konflikt herauszuhalten. Dies obwohl der Konflikt im Kern nichts mit dem Hauptanliegen der französischen Politik zu tun gehabt hatte, welche in erster Linie gegen eine Bedrohung durch Deutschland gerichtet war. Wenn Deutschland nicht bereit gewesen sei, sich auch aus dem russisch-österreichischen Balkankonflikt herauszuhalten, dann wären schon 1913 durch die lokalen russisch-

---

[105] Fischer, Fritz: *Krieg der Illusionen*, S. 308
[106] Clark, Christopher: *The Sleepwalkers. How Europe went to War in 1914*, London, 2012, S. 291

österreichischen Streitigkeiten auf dem Balkan ganz Europa und, durch die weltweiten Verbindungen der Engländer, die ganze Welt in diesen Konflikt hineingezogen worden. Clark argumentiert, dass der französische Präsident, Raymond Poincaré sich voll bewusst war, dass die russische Politik auf dem Balkan mit Sicherheit in einen militärischen Zusammenstoß Russlands mit Österreich-Ungarn münden würde. Er habe trotzdem nichts unternommen, um dieser Entwicklung entgegenzuwirken. Im Gegenteil hatte Poincaré in den letzten zwei Jahren vor 1914 diese Tatsache in die gemeinsame militärische russisch-französische Planung einbezogen. Er habe damit gerechnet, dass Deutschland, falls es durch Österreich-Ungarn in den Balkankonflikt hineingezogen würde, im Osten weniger Truppen zum Einsatz gegen Frankreich zur Verfügung haben würde. Poincaré habe Russland 1912 deshalb sogar ermuntert, auf dem Balkan militärisch einzugreifen.[107]

> "As early as March 1911, he had told Izvolsky that the long-standing distinction between local Balkan crises on the one hand and issues of broader geopolitical significance, 'no longer had any practical importance'. Given the current system of European alliances, it was difficult to imagine 'an event in the Balkans that would not affect the general equilibrium of Europe. 'Any armed collision between Russian and Austria-Hungary on account of Balkan affairs would constitute a casus foederis for the Austro-German alliance; and this in turn would entail the activation of the Franco-Russian Alliance."[108]

Unter der Führung Poincarés bezog Frankreich nun ab November 1912 den Standpunkt, dass jedwede territoriale Erweiterung Österreich-Ungarns eine Störung des gesamteuropäischen Gleichgewichts bedeuten würde. Außerdem würden lebenswichtige Interessen Frankreichs in Gefahr gebracht.[109] Clark geht so weit, zu behaupten die Franzosen hätten den Konflikt herbeigesehnt. Ein Konflikt zwischen Russland und Österreich-Ungarn über die Herrschaft auf dem Balkan sei für Frankreich die ideale Voraussetzung gewesen, den Krieg zu

---

[107]Clark, Christopher: *The Sleepwalkers. How Europe went to War in 1914*, London, 2012, S. 297

[108]Clark, Christopher: *The Sleepwalkers. How Europe went to War in 1914*, London, 2012, S. 295-296

[109]Clark, Christopher: *The Sleepwalkers. How Europe went to War in 1914*, London, 2012, S. 298

forcieren sowie die beste Voraussetzung einen Krieg mit Deutschland zu beginnen.[110]

In St. Peterburg habe die russische Führung, trotz ihres Strebens den eigenen Einfluss auf die Balkanstaaten auf Kosten Österreich-Ungarns zu verstärken, keine derartige Kriegssehnsucht verspürt. Man habe sich dort durch die Franzosen gedrängt gefühlt, eine aggressivere Haltung gegenüber Österreich-Ungarn anzunehmen als man von sich aus geneigt war:

> „The Russian premier was sceptical of plans for a forward policy in the Balkans and, as a man of finance; he was unenthusiastic about the prospect of spending huge amounts of borrowed money on railways of dubious commercial value."[111]

7.7 Deutsche Unentschlossenheit

Die Strategie mit der Deutschland vor dem Beginn eines Krieges gegen Russland die deutsche und die Weltöffentlichkeit, und darunter vor allem die Briten, auf seine Seite bringen wollte, war bereits 1913 bekannt:

> „Mit besonderem Nachdruck führe ich den obersten leitenden Stellen die Notwendigkeit vor Augen, daß, je mehr sie wirklich von der Notwendigkeit einer Lösung der Balkanfrage mit Waffengewalt überzeugt sein sollten, umso dringender es erforderlich sei, die Dinge so zu gestalten, dass Rußland sich im Unrecht befinde und entweder dieses selbst oder seine Trabanten als die Angreifer erscheinen. Nur bei einer dieses Ziel im Auge behaltenden Politik ermögliche man es England, wenigstens anfangs eine neutrale Haltung zu bewahren."[112]

Dem deutschem Reichskanzler Theobald Bethmann-Hollweg war klar, dass der Angriff auf Serbien durch Österreich-Ungarn zu einem Krieg mit Russland führen würde. Dies hatte er bereits 1913 anlässlich des 1. Balkankriegs deutlich zum Ausdruck gebracht. Damals hatte er seine Kollegen in Wien dringend um Zurückhaltung gebeten, als diese zum Angriff auf Serbien geneigt waren.

---

[110]Clark, Christopher: *The Sleepwalkers. How Europe went to War in 1914*, London, 2012, S. 302

[111]Clark, Christopher: *The Sleepwalkers. How Europe went to War in 1914*, London, 2012, S. 305

[112] GP 34 15, Nr. 13 07, Tschirschky an Bethmann-Hollweg, 4. 4. 13. (aus Fischer, Krieg der Illusionen, S.295)

"Bethmann Hollweg hatte in Wien deshalb für vorsichtige Zurückhaltung plädiert, weil eine Intervention Österreich-Ungarns zugunsten Bulgariens, die sich auf eine diplomatische Form beschränke, zum sicheren Fehlschlag verurteilt sein würde; wenn sie hingegen die Form einer militärischen Aktion annähme, würde sie ohne Zweifel zu einem allgemeinen Krieg führen."[113]

7.8 Deutschland: von Zurückhaltung zur Ermunterung

Ab September 1913 hatte Berlin sich ganz besonders bemüht, eine Versöhnung mit Wien zu erreichen. Man betonte in Wien, dass Berlin Österreich-Ungarn in seiner Balkanpolitik unterstützen und beistehen wollte. Gleichzeitig wollte Berlin doch mit aller Macht die Balkanpolitik Österreich-Ungarns nach seinen eigenen Vorstellungen beeinflussen.[114] Aus Deutschlands Engagements auf dem Balkan ergab sich ein direktes deutsches wirtschaftliches Interesse auf dem Balkan. Der Sieg des Balkanblocks über die Türkei im Ersten Balkankrieg traf die Orientbahngesellschaft des deutschen Finanzkapitals schwer. Damit war die Sicherheit der Verkehrsverbindungen in die Türkei in Frage gestellt. Serbien blockierte die deutsche Hauptexpansionslinie Berlin – Konstantinopel – Bagdad. Serbien wurde zum Schlüssel für die Behauptung und Ausweitung der deutschen Expansionsbestrebungen in Südosteuropa und im vorderen Orient.

Ein Krieg mit Russland schien Berlin jetzt noch unvermeidlicher als zuvor. Während der Feierlichkeiten zum Völkerschlachtdenkmal im Oktober 1913 versicherte Kaiser Wilhelm II. von Hötzendorf, dass Deutschland gedenke Österreich-Ungarn in dem Konflikt mit Serbien beizustehen. Auch wenn es deshalb zu einem Krieg mit Russland kommen sollte. Dieses Versprechen war sehr gefährlich. Denn in Wien glaubte man, dass die deutsche Militärmacht Russland überlegen und unbesiegbar sei.[115] In diesem Glauben ließ Wien alle Vorsicht gegenüber Russland fahren. Man meinte mit Serbien verfahren zu können, wie man wollte, ohne sich Sorgen um ein russisches Eingreifen machen zu müssen. Falls Russland gegen ein österreichisch-ungarisches

---

[113] Fischer, Fritz: *Krieg der Illusionen*, S. 306 (Vgl. A. Torre, Il progettato attaco austro-ungarico, S. 1011 f.)

[114] Fischer, Fritz: *Krieg der Illusionen*, S. 310

[115] Fellner, Fritz, Maschl, Heidrun, Mazohl-Wallnig, Brigitte (Hrsg): *Vom Dreibund zum Völkerbund: Studien zur Geschichte der internationalen Beziehungen 1882-1919*, München/Wien, 1994, S. 138, Zitat nach Hoyos: *Meine Mission nach Berlin*

militärisches Vorgehen gegen Serbien eingreifen sollte, würde Russland schon von Deutschland in Schach gehalten oder zurückgedrängt.[116]

Der Erste Balkankrieg endete mit dem Waffenstillstandsantrag der Türkei. Montenegro hatte in der letzten Phase des Krieges die italienische Stadt Skutari besetzt, welche dem Gebiet Albaniens zugeschlagen werden sollte. Österreich-Ungarn hatte daraufhin damit gedroht, Montenegro anzugreifen, wenn es die Besetzung nicht aufgab. Durch einen Eingriff Österreich-Ungarns wäre Russland in diesen Krieg hineingezogen worden. Der Weltkrieg ist 1913 noch nicht ausgebrochen, weil es damals nicht um die Souveränität Serbiens ging, sondern momentan nur um eine Stadt und einen Grenzdisput zwischen Albanien und Montenegro. Russlands Interesse an Montenegro war lediglich zweitrangig im Vergleich zum Interesse an Serbien. Außerdem hatte Österreich-Ungarn nicht tatsächlich angegriffen, sondern lediglich damit gedroht.

Nachdem Österreich-Ungarn am 20. März in die Zuteilung Djakowas an Serbien eingewilligt hatte, erklärte sich Sasonow bereit an allen gemeinsamen Schritten der Mächte teilzunehmen, welche Montenegro zur Aufgabe Skutaris zwingen sollten.[117]

> „Daß bei einer Aktion gegen Skutari Rußland schon eingreifen würde, glaube ich nach unseren Nachrichten nicht. Ob dies bei einem Vorgehen gegen Serbien in gleichem Maße der Fall sein würde, dessen ist sich Pourtalès nicht so sicher. Schließlich würde dann auch die ganze Balkan- und slawische Politik Rußlands in Frage gestellt, und die panslawistische Strömung könnte dort am Ende über den schwachen Kaiser und die schwache Regierung — selbst, wenn diese nicht wollten — die Oberhand gewinnen."[118]

---

[116] Fischer, Fritz: *Krieg der Illusionen*, S. 312,
[117] Fischer, Fritz: *Krieg der Illusionen*, S. 295
[118] AA-Bonn, Gesandtschaft Wien, Geh. III., Ganz geh. Sachen (1891—1921), Jagow an Tschirschky, 28. 4. 13 zitiert bei Fischer, Fritz: *Krieg der Illusionen*, S. 298

Auf Drängen der Deutschen Bank schaltete sich das Auswärtige Amt nach dem zweiten Balkankrieg ein.[119] Serbien verfügte über 70% der Bahnstrecken. Die Strecke Belgrad – Nis verlief auf serbischem Gebiet und war in serbischen Staatsbesitz. Serbien lehnte die Anerkennung der Rechte der Gesellschaft ab und verweigerte jede Zahlung.[120]

Man empfand ein längeres Abwarten als ausgeschlossen, weil man das verstärkte Eindringen französischen Kapitals in Kleinasien befürchtete. Die Wiener Regierung erwog es, die Orientbahnstrecken in Serbien dem Einfluss französischen Kapitals zu öffnen. Die größte Summe Geldes wurde aus Frankreich an die Balkanstaaten verliehen. Im Gegenteil zu Russland übte Frankreich von allen Großmächten allerdings am wenigsten politischen Einfluss auf die Balkanstaaten aus.[121] Einen größeren politischen Einfluss Frankreichs wollte man um jeden Preis verhindern. Somit spielten der Einfluss und Expansion des deutschen Finanzkapitals in Südosteuropa und Kleinasien eine große Rolle in dem Kalkül der deutschen Balkanpolitik in der Julikrise 1914. Die herrschenden Kreise in Berlin konnten der Versuchung nicht länger widerstehen, der Gefahr der Abschnürung deutscher Wirtschaftsinteressen vom östlichen Balkan und vom vorderen Orient durch die politische Stärkung Österreich-Ungarns zu begegnen. Man fürchtete einen Verlust von Einfluss auf die Orientbahnen durch zunehmendes Eindringen französischen Kapitals sowie den durch Russland unterstützten Befreiungskampf der südslawischen Völker. Also ermunterte man Österreich-Ungarn, harte Schritte gegen seinen Nachbarstaat Serbien zu unternehmen.[122]

8. Die Julikrise

In den bisherigen Ausführungen ist deutlich gezeigt worden, wie hoch die politische Dynamik im Balkangebiet 1914 war und wie sich diese über viele Jahre hinweg entwickelt hatte. Dazu gehörten die beschriebene Furcht der Habsburger-Monarchie vor dem Verlust ihrer Großmacht, die

---

[119] Gutsche, Wilibald: *Serbien in den Mitteleuropaplänen des deutschen Imperialismus am Vorabend des ersten Weltkrieges*, In: *Zeitschrift für Geschichtswissenschaft*, 1975, Band 23, Heft 1, S.40
[120] Gutsche, Wilibald: *Serbien in den Mitteleuropaplänen des deutschen Imperialismus am Vorabend des ersten Weltkrieges*, In: *Zeitschrift für Geschichtswissenschaft*, 1975, Band 23, Heft 1, S.41
[121] Jelavich, Barbara: *Russia's Balkan entanglements 1806 – 1914*, Cambridge, 1991, S. 203
[122] Gutsche, Wilibald: *Serbien in den Mitteleuropaplänen des deutschen Imperialismus am Vorabend des ersten Weltkrieges*, In: *Zeitschrift für Geschichtswissenschaft*, 1975, Band 23, Heft 1, S.44

Unabhängigkeitsbewegungen der slawischen Völker auf dem Balkan mit der engen Bindung Serbiens an Russland, die deutschen Wirtschaftsinteressen am Balkangebiet und schließlich die rapide schwindende weltpolitische Geltung des Osmanischen Reiches. Am 28. Juli 1914 kam es in Bosnien-Herzegowina zu einem Attentat auf den österreichisch-ungarischen Thronfolger Franz Ferdinand und dessen Ehefrau Sophie Chotek, ausgeführt durch einen jungen bosnisch-serbischen Nationalisten. Die so genannte Julikrise ist das letzte Glied in einer Kette von Ereignissen seit 1871, die 1914 zum Weltkrieg führten. Ohne die Julikrise wäre es wahrscheinlich nicht ausgerechnet 1914 zu einem Weltkrieg gekommen. Das Attentat und die daraus folgende Julikrise wiederum, wären ohne die spezifischen Konfliktkonstellationen auf der Balkanhalbinsel jedoch ihrerseits nicht zustande gekommen. In der Julikrise kristallisierte sich das Ende der imperialistischen Krisenpolitik der europäischen Großmächte klar heraus. Sie scheiterten an der Herausforderung, untereinander zu geordneten Verhältnissen auf der Balkanhalbinsel zu kommen. Die schwelenden Konflikte bereiteten den Boden für die Kriegskatastrophe.

Die folgenden Schilderungen der Positionen und Entscheidungen im Zusammenhang mit der Julikrise zeigen, dass keine der beteiligten Großmächte die Situation am Balkan ausreichend ernst genommen hatte. Die diplomatischen Signale der einzelnen Länder wurden von den jeweiligen Adressaten nicht richtig gedeutet, nicht ernst genommen oder schlicht ignoriert. So standen die Signale der beiden inzwischen erbitterten gegnerischen Großmächte, Österreich-Ungarn und Russland, bereits Anfang Juli auf Krieg. Den Regierungen der fünf europäischen Großmächte und Italiens war es durchaus bekannt, dass ein Krieg zwischen Russland und Österreich-Ungarn einen großeuropäischen Konflikt bedeuten würde und dass alle Mächte unweigerlich in einen groß angelegten Krieg hineingezogen würden.[123] Österreich-Ungarn war nicht länger bereit, sich friedlicher, diplomatischer Mittel zu bedienen, um die eigene Stellung am Balkan zu sichern. Es schwieg jedoch über seine Absichten und teilte keiner der anderen Großmächte außer Deutschland mit, dass es endgültig auf Krieg eingestellt war. Obwohl nicht ausdrücklich bekannt, wurde diese österreichisch-ungarische Haltung in

---

[123] Seihe Bischof, Günter wie schon zitiert auf Seite 9 dieser Arbeit.

London, Paris und St. Petersburg sehr wohl erahnt.[124] Die Regierungen dort kommunizierten entsprechende Warnungen vor den Folgen der befürchteten Handlungen Österreich-Ungarns und Deutschlands an deren Botschafter. Den Mitteilungen und Einschätzungen dieser Botschafter wurde in Berlin und Wien jedoch kein Gewicht verliehen. Der Kurs wurde auf Krieg wurde gesetzt und alle Warnungen wurden in den Wind geschlagen. So lief der diplomatische Austausch zwar auf Hochtouren, aber man traute den Inhalten nicht, welche die Gegner jeweils zu übermitteln versuchten. Die Julikrise war das Resultat des Kampfes der drei Reiche Österreich-Ungarn, Russland und des Osmanischen Reiches sowie den nationalstaatlichen Bestrebungen der Völker am Balkan (Serben, Bulgaren, türkisch-loyale Volksgruppen) um die Macht und Kontrolle über die Balkanhalbinsel.

In Österreich-Ungarn war man seit langem geplagt von Untergangsängsten. Das Attentat in Sarajevo lieferte einen Fokus, um welchen sich diese Ängste bündeln und verstärken konnten. Mit dem Attentat wurde eine Schwelle der Gewalt überschritten, welche die Führung in Österreich-Ungarn als Rechtfertigung nutzte, dass die Zeit für den Einsatz von Gewalt als letztes Mittel gegen den Untergang gekommen sei. In den englischen, französischen und russischen Regierungskreisen hatte man sich eine solche fatalistische Einstellung der Habsburger Kreise nicht vorstellen können. So versäumten die anderen Großmächte es, entsprechend rechtzeitig zu reagieren.

War die Situation nach dem Attentat 1914 rein sachlich nicht sehr verschieden von der Situation beim Ausbruch des Zweiten Balkankrieges 1913, so war die emotionale Situation vor allem in Deutschland, Österreich-Ungarn und Russland 1914 deutlich verändert. 1913 gingen die Auseinandersetzungen um einen Grenzdisput zwischen Albanien und Montenegro und um eine Stadt (Skutari). Montenegro galt damals Russland nicht, wie 1914 Serbien, als sein „kleiner Bruder". Anstelle einer Stadt ging es 1914 um die Ermordung eines Mitglieds der Monarchie. Diese Tatsache mag den deutschen Kaiser Wilhelm II. in seinem klaren Denken emotional beeinträchtigt haben, auf eine Weise in der

---

[124] Geiss, Imanuel: *Julikrise und Kriegsausbruch 1914. Eine Dokumentensammlung*, Bd. l. (2. verb. Aufl.), Bonn-Bad Godesberg, 1976, Nr. 190 vom 21.Juli 1914, Pourtalès an Bethmann Hollweg, Sasonow erzählte Pourtalès über alarmierende Berichte aus London, Paris und Rom bezüglich der Haltung Österreich-Ungarns gegenüber Serbien.

es 1913 nicht der Fall gewesen zu sein scheint. Im Kriegsausbruch 1914 fanden die politischen und ökonomischen Interessensgegensätze der Entente aus Großbrittanien und Frankreich und den Mittelmächten Österreich-Ungarn und Deutschland auf dem Balkan ihren Ausdruck. In der Julikrise 1914 gelang es den Großmächten endgültig nicht mehr, Gegensätze zwischen den beteiligten Kontrahenten auf diplomatischem Wege auszugleichen und den allgemeinen Krieg zwischen den größeren europäischen Mächten ein weiteres Mal abzuwenden. Imanuel Geiß bemerkt in seiner Dokumentensammlung zum Ausbruch des Krieges bezüglich der Kontinuität in den Spannungen auf der Balkanhalbinsel:

> „Ein Krieg zwischen Österreich-Ungarn und Serbien liess sich nur vermeiden, wenn Serbien zurückwich; Serbien würde zurückweichen, wenn Russland es zurückhielt; Russland würde Serbien nur zurückhalten, wenn es vor dem Gewicht der überlegenen militärischen Macht Deutschlands zurückschreckte. Der Friede unter den Grossmächten blieb über Balkanproblemen also nur solange gewährt, wie die Spannungen in Südosteuropa sich auf die Balkanstaaten beschränkten.[125]

Geiß berichtet weiter, Bismarck hätte vorausgesehen dass es über die Balkanstreitigkeiten zum Krieg zwischen Russland und Österreich-Ungarn würde kommen können. Die südslawische Nationalbewegung richtete sich 1914 gegen Österreich-Ungarn. Für Geiß ist die Ermordung Franz Ferdinands und Sophie Choteks die symbolische Zuspitzung des serbischen Befreiungskampfes. Das Attentat habe in Südosteuropa das Ende des Zeitalters des Imperialismus markiert und sei im Namen der Nationalbewegung der Südslawen gegen die Imperien der Türkei und Österreich-Ungarns ausgeführt worden. Wilhelm II. habe sich dazu berufen gefühlt, das Prinzip der konservativen Monarchien gegen die Ausbreitung von Demokratie und Revolution zu verteidigen. Er habe sich durch das Attentat indirekt persönlich angegriffen gefühlt.

---

[125]Geiss, Imanuel, *Julikrise und Kriegsausbruch 1914. Eine Dokumentensammlung.2. verb. Auflage*, Bonn-Bad Godesberg, 1976, S. 34

Die geopolitische und wirtschaftliche Gesamtsituation auf dem Balkan 1914 war essenziell für die Beendigung des langen Friedens auf dem europäischen Kontinent. Die Unabhängigkeitsbewegungen auf der Balkanhalbinsel waren eine Bedrohung für, österreichisch-ungarischen und türkischen Imperien sowie für die deutschen Wirtschaftsinteressen. Die Änderungen der Machtverhältnisse auf dem Balkan, welche die Nationalbewegungen in Südosteuropa mit sich brachten, berührten vitale Interessen dieser Großmächte. Ohne einen friedlichen Ausgleich der unterschiedlichen Interessen, konnte der allgemeine Friede in Europa nicht fortbestehen.

8.1 Deutsche „Weltpolitik"

Die Nationalbewegungen auf dem Balkan erzeugten just zu dem Zeitpunkt Spannungen, als das Deutsche Reich von der Kontinentalmacht durch seine „Weltpolitik" zur Weltmacht werden wollte.[126] Die deutsche Weltpolitik wird als Variante des allgemeinen Imperialismus der Zeit charakterisiert. Der Weg über den Balkan bot Deutschland den einzigen Ausweg für eine weitere wirtschaftliche Expansion in den Nahen und Mittleren Osten. Der Balkan sollte deshalb unter deutsche Kontrolle gebracht werden. Serbien wurde 1914 als Hindernis für die wirtschaftliche Expansion des Deutschen Reiches gesehen. Man war in Berlin überzeugt, dass die Vereinigung der südslawischen Völker nicht mehr aufzuhalten sei. Man sah nur zwei Möglichkeiten für die Lösung der Situation: Die Monarchie könnte die Unabhängigkeitsbewegungen niederschlagen und Serbien zur Aufgabe seiner Selbstständigkeit zwingen. Oder die südslawischen Völker würden die Monarchie verlassen und sich mit Serbien vereinigen. In letzterem Fall wäre Österreich-Ungarn zu einem Kleinstaat geworden. Geiß nannte den deutschen Standpunkt im Juli 1914 eine platte „Kriminalisierung"[127] des serbischen Staates. Wilhelm II. fühlte sich durch das Attentat auf Franz Ferdinand und Sophie Chotek in seiner Eigenschaft als

---

[126]Geiss, Imanuel: *Die deutsche Politik gegenüber Serbien in der Julikrise*, in: Čubrilovič, Vasa,[Hrsg.], *Velikesile i Srbija pred prvi svetski rat: zbornik radova prikazanich na Medunarodnom naučnom skupu Srpske Akademije Nauka i Umetnosti, održanomod 13-15. septembra 1974. godine u Beogradu= Les grandes puissances et la Serbie à la veille de la première guerre mondiale. Recueil des travaux présentés aux Assises scientifiques internationales, 13-15 septembre 1974 à Belgrade*, 1976, S. 57-80

[127] Geiss, Imanuel: *Die deutsche Politik gegenüber Serbien in der Julikrise*, in: Čubrilovič, Vasa,[Hrsg.], *Velikesile i Srbija pred prvi svetski rat: zbornik radova prikazanich na Medunarodnom naučnom skupu Srpske Akademije Nauka i Umetnosti, održanomod 13-15. septembra 1974. godine u Beogradu= Les grandes puissances et la Serbie à la veille de la première guerre mondiale. Recueil des travaux présentés aux Assises scientifiques internationales, 13-15 septembre 1974 à Belgrade*, 1976, S.78

Monarch bedroht. Die Attentäter von Sarajevo entwarf man als identisch mit der südslawischen Nationalbewegung. Die anderen Großmächte stellten keineswegs dieselbe Gleichung auf. Nach der Bitte seitens Österreich-Ungarn durch die „Hoyos Mission"[128], drängte Deutschland jedoch zum Schlag gegen Serbien indem man immer wieder in Wien anfragte, ob es mit dessen Maßnahme gegen Serbien bald losginge. Der deutsche Diplomat und Vertraute Bethmann-Hollwegs, Kurt Riezler glaubte jedoch, dass es Weltkrieg nur noch im absoluten Notfall geben könnte.[129] Nach der Vorstellung der deutschen Militärs handelte es sich gerade aufgrund der wachsenden Macht Russlands um einen Notfall. Sie vertraten die Überzeugung dass Russland, wenn nicht 1914, dann in naher Zukunft angreifen würde. So wollten sie schon im Juli 1914 aus dieser „Notsituation" heraus losschlagen. Die Kriegsherren Moltke und Falkenhayn setzten in der Julikrise alles dran, einen Krieg zu provozieren.

Falls es Serbien gelingen sollte alle Südslawen unter serbische Führung zu bringen, würde dies zum Zusammenbruch Österreich-Ungarns führen. Die Kontrolle über die Balkanhalbinsel, welche Deutschland durch sein Bündnis mit Österreich-Ungarn ausüben konnte, ginge somit für Deutschland verloren und seine wirtschaftlichen Interessen auf dem Balkan würden stark beschädigt. Die Reichsleitung nutzte das Pathos der Feindschaft gegen die Serben, um die Ziele des deutschen Imperialismus im Orient zu rechtfertigen. Geiß nannte diese Strategie eine „moralisch-ideologisch überhöhte Kriegserklärung" gegen die demokratische Selbstbestimmung der Südslawen. Nach Geiß´ Einschätzung sei Deutschland mit seiner rechtsextremen Position weltweit isoliert gewesen.[130]

8.2 Das Gerücht vom ehrfürchtigen Russland

Im Juli 1914 versicherte man sich in Wien und in Berlin, dass Russland sich im Falle eines Angriffs Österreich-Ungarns auf Serbien nicht stark genug fühlen

---

[128] Vgl Fellner, Fritz: Die „Mission" Hoyos, in: Velike sile i Srbija pred Prvi svetski rat, Beograd, 1976, S. 387 - 419

[129] Riezler, Kurt (Alias J.J. Ruedorffer), Grundzüge der Weltpolitik in der Gegenwart, Stuttgart und Berlin, 1914, S. 221

[130] Geiss, Imanuel; Die deutsche Politik gegenüber Serbien in der Julikrise, in : Čubrilovič, Vasa,[Hrsg.], Velike sile i Srbija pred prvi svetski rat : zbornik radova prikazanich na Medunarodnom naučnom skupu Srpske Akademije Nauka i Umetnosti, održanom od 13-15. Septembra 1974. Godine u Beogradu= Les grandes puissances et la Serbie à la veille de la première guerre mondiale : recueil des travaux présentés aux Assises scientifiques internationales, 13-15 septembre 1974 à Belgrade, 1976, S. 57-80

würde, in einen Krieg gegen die vereinigten Mittelmächte einzutreten. Man erwartete, dass Russland sich daher zurückhalten würde.[131] Der Begriff des Bluffs wird von Historiken und Zeitgenossen oft vorgebracht, um das Verhalten der damaligen verantwortlichen Staatsmänner in der Krise zu erklären. Nach dem Attentat von Sarajewo war die Vorbereitung auf den Krieg mit Serbien in Österreich-Ungarn jedoch kein Bluff. Die Entscheidung zum Angriff gegen Serbien stand bereits zu Beginn der Krise fest.

Die Situation stellte sich 1914 entschieden anders da, als bisher. In den Balkankriegen wurde die Möglichkeit eines Angriffs gegen Serbien als Drohmittel eingesetzt. 1914 war ein Angriff dagegen tatsächlich von vornherein beabsichtigt und wurde anschließend ausgeführt. Die deutschen Militärs erkannten hier die Gelegenheit, einen Krieg mit Russland zu provozieren und ergriffen sie in der Julikrise 1914 entschieden. Der Reichsleitung und dem Kaiser war es keineswegs in aller Deutlichkeit klar, worauf sie sich einließen. Von Wilhelm II. sind zwar genügend Äußerungen überliefert dass er daran geglaubt hatte, irgendwann einen großen Krieg mit Frankreich und Russland führen zu müssen. Gleichzeitig bezeugte er seinen ehrlichen Wunsch, den Frieden in Europa auf Dauer zu erhalten. Bethmann-Hollweg fürchtete den Ausbruch eines Krieges aufgrund der Gefahr eines immer stärker werdenden Russlands.[132] Er war der Ansicht, der europäische Friede wäre 1914 doch noch auf die bewährte Weise der Bündnispolitik zu erhalten. Kaiser und Kanzler wollten in der Julikrise schließlich glauben, dass Russland keine militärischen Gegenmaßnahmen ergreifen würde. Es war zu diesem Zeitpunkt keine klare militärische Übermacht auf einer der Seiten auszumachen. Daher widersprach die Idee eines gegenseitigen Angriffs der Logik des zweiten Modus der imperialistischen Krisenpolitik von der eindeutigen Durchsetzung der Interessen einer Seite durch militärischen Angriff gegen die andere, sofern es die Konflikte zwischen den Großmächten betraf. Falls doch, so meinte man, würde sich

---

[131] Geiss, Imanuel: *Julikrise und Kriegsausbruch 1914. Eine Dokumentensammlung*, Bd. l. (2. verb. Aufl.), Bonn-Bad Godesberg, 1976, Nr. 102 vom 15. Juli 1914, Kageneck an Waldersee, und Nr. 99 vom 15 Juli 1914, Lichnowsky an Jagow

[132] *Die deutschen Dokumente zum Kriegsausbruch. Vollständige Sammlung der von Karl Kautsky zusammengestellten amtlichen Aktenstücke mit einigen Ergänzungen. Im Auftrage des Auswärtigen Amtes nach gemeinsamer Durchsicht mit Karl Kautsky*, herausgegeben von Graf Max Montgelas und Prof. Walter Schücking, Charlottenburg, 1919, Band I, S. 4, Nr. 3

England auf jeden Fall aus dem Konflikt heraushalten.[133] Im „Falle eines Falles" ging man auf der Grundlage dieser Erwartung davon aus, notfalls Russland und Frankreich in einem kurzen Krieg besiegen zu können.

8.3 Gegensätze in den russischen und österreichisch-ungarischen Vorstellungen vom Krieg

Aus der Perspektive Österreich-Ungarns war der Krieg mit Serbien schon seit längerer Zeit fällig gewesen. Man glaubte außerdem, vor Europa geltend machen zu können dass die Anstifter des Anschlags in der Tat in Serbien zu finden seien. Vom russischen Standpunkt erschien es so, als ob Österreich-Ungarn den Krieg gegen Serbien im Alleingang ausgelöst habe. Die uralte Habsburger Monarchie hätte noch einmal zu einem Eroberungsfeldzug angesetzt und dadurch das Zaristische Regime herausgefordert. Der Kreis der Minister um Berchtold wagte diese Herausforderung in der Erwartung, dass Deutschland die Russen mit Leichtigkeit würde besiegen können. Die Österreichische Armee so meinte man in Wien, würde die Serbische Armee gleichzeitig mit Leichtigkeit besiegen.[134] Berchtold sah das Prestige und den Status Österreich-Ungarns als Großmacht indessen gekränkt und bedroht. Das war für ihn ein Grund mehr, auf gemeinsame Beratung mit anderen Großmächten zu verzichten: Berchtold hatte sich nicht nur in Balkan-Angelegenheiten, sondern auch auf anderen außenpolitischen Bühnen mehrmals von Italien und Deutschland zurückgewiesen oder im Stich gelassen gesehen. Zum Beispiel wurden seine Pläne einen Hafen an der Südküste Anatoliens bei Alanya zu bauen von Deutschland und vor allem von Italien (das auch unter Druck durch Großbritannien stand) abgelehnt, weil Italien und Deutschland hier bereits ihre eigenen wirtschaftlichen Interessen bedroht sahen.[135]

---

[133] Geiss, Imanuel: *Julikrise und Kriegsausbruch 1914. Eine Dokumentensammlung*, Bd. l. (2. verb. Aufl.), Bonn-Bad Godesberg, 1976, Nr. 204 und 205, In Nr. 204 beurteilte Jagow die erwartete Reaktion Englands wie folgt: „*Dass England sich zu sofortigem Überfall auf uns entschliessen und dass überhaupt europäische Kriegsfrage sich so schnell entscheidet, ist sehr unwahrscheinlich*". In Nr. 205 pflichtet Bethmann Hollweg Jagows Beurteilung der Gesamtlage bei.

[134] Mombauer, Annika: *The Fischer Controversy 50 years on*, in: *Journal of Contemporary History*, Vol 48, Nr. 2, S.238

[135] Bridge, F. Roy: *Tarde venientibusossa: Austro-Hungarian Colonial Aspirations in Asia Minor 1913-14* in: *Middle Eastern Studies*, Band 6, Jahr 1970, S. 319 - 330

8.4 Die Ausgangspositionen der Großmächte in der Julikrise

Großbritannien und Frankreich hegten 1914 ihrerseits wenig strategisches Interesse für das Balkangebiet. Russland und Deutschland hatten dagegen Ziele von dringendem Interesse am Balkan und im Orient. Sie drängten in Berlin und St. Petersburg auf die Umsetzung dieser Ziele.[136]

Der deutsche Historiker und starker Gegner der Theorien Fritz Fischers, Egmont Zechlin beschrieb die Julikrise als Machtprobe zwischen Russland und Österreich-Ungarn um den Balkan. Das Gerangel um die Herrschaft auf dem Balkan habe schon zur Zeit Bismarcks bestanden. Bismarck sei es auf dem Berliner Kongress nicht gelungen, einen Ausweg, aus diesem Streit zu finden.[137] Aus diesem Machtkampf würde sich seiner Meinung nach eines Tages der Weltkrieg entzünden. Zechlin stellt fest, dass die Großmächte im Juli 1914 weiterhin unfähig gewesen seien, nach dem Attentat in Sarajevo eine friedliche Lösung für die aus dem 19. Jahrhundert verschleppten Spannungen zu finden. Da die deutschen Militärs befürchteten, dass Russland in wenigen Jahren militärisch stärker sein würde als Deutschland, instrumentalisierten sie die Spannungen zwischen Österreich-Ungarn und Russland, um den Krieg auszulösen, bevor Russland seine volle Stärke nach ihren Vorstellungen erreicht hätte. Zechlin meinte mit diesen Ausführungen die These Fritz Fischers in der Kontroverse um den Ausbruch des Ersten Weltkrieges zu widerlegen, dass Deutschland einen Krieg um die Herrschaft Europas bereits seit 1911 bewusst vorbereitet und 1914 ausgelöst habe.[138] Allerdings zeigten Fischers Forschung in den damals neu zur Verfügung gestellten Archivbeständen unwiderlegbar, dass Deutschland extensive Vorbereitungen für einen Krieg gegen Frankreich und Russland unternommen hatte. Zechlin wollte jedoch beweisen, dass dies keinesfalls bedeutet habe, dass es aus einer theoretischen Planung allein zu einem Krieg kommen musste. Vielmehr sind seiner Ansicht nach beide Standpunkte leicht miteinander zu vereinbaren. Kanzler, Kaiser und Militärs hätten den Krieg doch vom Zaun gebrochen. Aber das Attentat, welches niemand in Deutschland hatte voraussehen können, sei gleichzeitig Gelegenheit und *Ursache* für den Ausbruch des Krieges. Die Angriffe, welche

---

[136] McMeekin; Sean: *The Russian Origins of the First World War*, S. 12; siehe auch Zechlin, Egmont: *Zum Kriegsausbruch 1914 – die Kontroverse* in: GWU 1984, Heft 4, S. 213
[137] Zechlin, Egmont: *Zum Kriegsausbruch 1914 – die Kontroverse* in: GWU 1984, Heft 4, S. 212
[138] Zechlin, Egmont: *Zum Kriegsausbruch 1914 – die Kontroverse* in: GWU 1984, Heft 4, S. 211

von Deutschland und Österreich-Ungarn ausgegangen waren, seien zwar absichtlich, jedoch aus einer spontanen Emotionalität heraus ausgeführt worden, ohne eine realistische Einschätzung der Lage.

8.5 Deutsche Eskalation

Geiß zeigte mit einem Zitat aus den Akten des Schuldreferats des Politischen Archivs des Auswärtigen Amts (Bonn) jedoch ebenfalls klar auf, dass es den Zeitgenossen immer bekannt gewesen war, wie zentral die Balkanfrage als Ursache des Krieges war:

> „Nach dem Bilde, das sich aus den vorliegenden Berichten und Erlassen ergibt, galt uns in jenem Augenblick die gewaltsame Demütigung Serbiens als österreichisches und damit als deutsches Lebensinteresse, dem wir alles, selbst die Gefahr eines Weltkrieges unterordnen zu müssen glaubten. Unsere Politik erstrebte die Rettung der österreichischen Stellung am Balkan...Es ist klar, dass dieses Bild, wie es aus den gesammelten Akten entgegentritt, nicht günstig wirkt und uns leicht dem Vorwurf aussetzen kann, dass wir durch unsere eigensinnige, schroffe Haltung in der serbischen Frage den Weltkrieg jedenfalls leichtsinnig herbeigeführt haben, selbst wenn wir ihn nicht gerade suchten. Unseren Gegnern wäre es ein Leichtes, diesen Gedanken so aufzubauschen, dass er zu einem vollgültigen Schuldbeweis heranwüchse.“[139]

Willi Gutsche weist dagegen auf die deutsche Absicht sehr klar hin, wenn er die zentrale Rolle des Balkanstaats Serbien für die Auslösung des Konflikts durch Deutschland kommentiert:

> „so ist die Frage nach der speziellen Rolle des deutsch-serbischen Verhältnisses bei der Kriegsentscheidung der deutschen Reichsleitung in der Julikrise 1914 noch nicht hinreichend beantwortet. Für den unmittelbaren Entschluss der deutschen Reichsleitung, den österreichisch-serbischen Konflikt zum Kriegsanlaß zu nehmen, wurden

---

[139] Geiss, Imanuel: *Die manipulierte Kriegsschuldfrage. Deutsche Reichspolitik in der Julikrise 1914 und deutsche Kriegsziele im Spiegel des Schuldreferats des Auswärtigen Amtes, 1919 -1931*, In: *Militärgeschichtliche Mitteilungen* MGM / hrsg. vom Militärgeschichtlichen Forschungsamt, Jahrgang 1983, Band 34, Heft 2 München, 1983, S 31 -60

von Historikern bisher vor allem drei Faktoren genannt: 1. Angriff des deutsch-österreichisch-ungarischen Blocks auf die erstarkende imperialistische Position des zaristischen Rußlands auf dem Balkan, 2. Befürchtungen der deutschen Regierung, mit dem weiteren inneren Zerfall der Donaumonarchie bei längerem Zusehen den einzigen gewichtigen Bundesgenossen für den Kampf um die Hegemonie in Europa zu verlieren, 3. der außen- und innenpolitisch motivierte taktische Aspekt, Rußland als Kriegsschuldigen erscheinen zu lassen.

Den Gesichtspunkt einer Kriegsschuld Rußlands hatte die deutsche Diplomatie schon im Frühjahr 1913 ins Auge gefaßt, um — wenigstens zeitweilig — England neutral zu halten"[140]

Zechlin betont, dass Deutschland Österreich-Ungarn bis zum Frühjahr 1914 zu einem friedlichen Verhalten gegenüber Serbien und Russland geraten hatte. Der Grund für die Umkehr in der deutschen Haltung und für die Auslösung des Krieges könne man, so Zechlin, aus den Riezler-Tagebüchern ablesen. Nach dem Attentat in Sarajewo befürchtete Deutschland, seinen letzten Verbündeten durch eine mögliche Hinwendung zu den Westmächten zu verlieren. Falls Deutschland Österreich-Ungarn seine Unterstützung in dieser Krise verweigert hätte, so habe man befürchtet, würde sich Österreich-Ungarn endgültig von Deutschland abwenden. Die damalige deutsche Entscheidung zum Krieg enthielt, wie oben erwähnt, für Wilhelm II., eine starke emotionale Komponente. Für ihn bedeutete das Attentat den Verlust seines Freundes und einen Anschlag auf das monarchische Prinzip. Man war in Berlin auch ohne Beweise überzeugt, dass Serbien als Staat hinter dem Attentat stünde. Serbien hatte den Ruf eines Todfeindes der Habsburger Monarchie. Zechlin wies darauf hin, dass Russland indirekt durch Serbien zur Herrschaft über den Balkan hätte gelangen können.

Dies hätte für Deutschland eine umfassende Bedrohung seiner wirtschaftlichen Interessen bedeutet. Aus dieser Gemengelage von „Gründen" habe das Attentat nach Einschätzung Wilhelms II. unbedingt eine Vergeltungsmaßnahme

---

[140] Gutsche, Wilibald: *Serbien in den Mitteleuropaplänen des deutschen Imperialismus am Vorabend des ersten Weltkriegs*, in: *Zeitschrift für Geschichtswissenschaft* Band 23, Heft 1, Jahrgang 1975

gefordert. Den Riezler-Tagebüchern sei außerdem zu entnehmen, dass Reichskanzler und Militärs damals gemeint hätten, die Steigerung der russischen Militärmacht zu einem unbesiegbaren Gegner stünde unmittelbar bevor. Aus dieser Furcht heraus hätten sie sämtliche Vernunft und die bekannten Konsequenzen unüberlegten Handelns außer Acht gelassen. Der Ausdruck von der „Nibelungentreue" habe gepasst, um das eigene Handeln zu verklären.

Auch Kreise in Deutschland in denen die Furcht vor der russischen Militärmacht nicht handlungsleitend gewesen war, hätten die Situation genutzt um ihrerseits den gewünschten und erwarteten Krieg unmittelbar heraufzubeschwören.[141] Zechlin meinte, Russland habe den Balkanbund durch seinen Einfluss geschaffen, als Mittel gegen eine weitere südliche Ausdehnung der Österreichischen Machtsphäre auf der Halbinsel. Dieser habe für Österreich-Ungarn nach dem Attentat von Sarajevo eine „spektakuläre" akute Lebensbedrohung bedeutet.[142] In Österreich-Ungarn habe nun nach dem Attentat auf seinen Thronfolger eine Art blinde hysterische Angst um den Fortbestand des Reiches geherrscht. Laut Einschätzung Zechlins war Serbien für Österreich-Ungarn ein Todfeind, der „ausgeschaltet" werden musste. Österreich-Ungarn habe aus seiner Sicht in Notwehr gegen einen Feind gehandelt, der in dessen Haus eingedrungen sei. Dabei habe in Österreich-Ungarn blindes Vertrauen geherrscht, dass Deutschland stark genug sein würde, Russland mit Leichtigkeit abzuwehren. Österreich-Ungarn sei blind gewesen, weil es nicht mehr die ungeheure Gefahr der zerstörerischen Kraft zu erkennen schien, die ein Krieg zwischen den Bündnisblöcken auslösen würde. Es habe den Anschein, als hätte man dort vergessen, dass im Fall eines Krieges Frankreich und dadurch auch England und das gesamte Machtpotenzial dieser Reiche gegen Österreich-Ungarn zum Einsatz kommen würden. Außerdem hätte man dort nie geglaubt, dass sich dazu auch noch die Vereinigten Staaten von Amerika in den Krieg einmischen würden. Man habe die Tatsache ignoriert, dass Serbien de facto schon längst internationalen Schutz durch die europäischen Bündnismechanismen genoss. Die früheren

---

[141]Zechlin, Egmont: *Zum Kriegsausbruch 1914 – die Kontroverse* in: GWU 1984, Heft 4, S. 213
[142]Zechlin, Egmont: *Zum Kriegsausbruch 1914 – die Kontroverse* in: GWU 1984, Heft 4, S. 213

Kriege gegen die Türkei, welche auf dem Balkan ausgetragen worden waren und Österreich zum Großmachtsstatus verholfen hatten, seien etwas ganz anderes gewesen als ein Krieg gegen einen neuen Nationalstaat und eine Volksgruppe, die sich unter der Duldung oder sogar mit der Hilfe sämtlicher Großmächte in Europa ihre Unabhängigkeit von der Türkei errungen hatte.

Aus den Riezler Aufzeichnungen geht hervor, dass auf der Seite der Deutschen sogar noch das Gedankenspiel von Bethmann Hollweg weiterlebte, nach welchem Österreich-Ungarn einen diplomatischen Sieg über Russland und eine Lockerung der Triple Entente durch eine schnelle chirurgische Strafexpedition in Serbien erreichen können sollte.[143] Diese Konzeption war unüberlegt und keine ernstzunehmende Möglichkeit, weil sie seitens Österreich-Ungarns weder politisch noch militärisch, und schon gar nicht schnell, durchzusetzen war. Bethmann-Hollweg schien weder über die Schärfe der Rivalität zwischen Österreich-Ungarn und Russland, noch über den Zustand der Armee der Doppelmonarchie selbst gut unterrichtet. Der russische Außenminister Sergej Sazonov hatte längst bekannt gegeben, dass Russland entschlossen war „nicht einmal ein Ultimatum an Serbien" zu dulden.[144] Für die Doppelmonarchie war es die falsche Jahreszeit um einen Krieg zu beginnen, da die Erntezeit bevorstand und ein Großteil der österreichisch-ungarischen Streitkräfte beurlaubt war, und für eine Kriegsmobilmachung nicht bereitstand. Außerdem verzögerten die unterschiedlichen Standpunkte von Graf Leopold von Berchtold und Graf István von Tisza wochenlang die Entscheidung zum Krieg. Nur durch zeitaufwendige Beratungen konnte eine Übereinstimmung über die Vorgehensweise Österreich-Ungarns erzielt werden. Der Ungarische Minister Tisza hielt zunächst gegen eine Kriegserklärung. Nüchtern betrachtet hatte das Gleichgewicht der Kräfte sowohl innerhalb der Monarchie, als auch innerhalb Europas noch keine realen Störungen erlitten und die weitere Existenz der Monarchie war direkt abhängig von diesem Gleichgewicht. Tisza erkannte also, dass jede Veränderung der Verhältnisse nur negative Folgen für die Monarchie und folglich für sein Land Ungarn haben würde. Ein Angriff Österreich-Ungarns auf Serbien würde eine solche dramatische Störung hervorrufen. Tiszas

---

[143]Zechlin, Egmont: *Zum Kriegsausbruch 1914 – die Kontroverse* in: GWU 1984, Heft 4, S. 215
[144] Geiss, Imanuel: Julikrise und Kriegsausbruch 1914. Eine Dokumentensammlung, Bd. l. (2. verb. Aufl.), Bonn-Bad Godesberg, 1976, Nr 190 Pourtalès an Bethmann Hollweg

Widerstand zum Krieg basierte darauf, dass sowohl Sieg, als auch Niederlage nach einem solchen Krieg die ungarische Position drastisch abschwächen würden. Mitte Juli gab er nur unter schwerem Druck aus Berlin nach.[145]

Die Konservativen in den Wiener Regierungskreisen hatten es jetzt eilig, die Situation auszunutzen um einen Krieg mit Serbien anzufangen. Sie hofften, dass dadurch Ihre Macht in Österreich nach innen und außen wieder gefestigt würde. Der Chef des Generalstabes für die gesamte bewaffnete Macht Österreich-Ungarns Franz Conrad von Hötzendorf schreibt in seinen Tagebucheintragungen:

> „Für Österreich-Ungarn handelte es sich jetzt nicht um den kalten Gleichmut, auch diese Herausforderung ruhig hinzunehmen, auch nicht um die christliche Demut, die es gebietet, die andere Backe hinzuhalten, wenn auf die eine ein Hieb gefallen war, auch nicht um einen ritterlichen Zweikampf mit dem „armen kleinen" Serbien, wie es sich so gerne nannte, auch nicht um die Entgeltung für den Mord — es handelte sich vielmehr um die höchst praktische Bedeutung des Prestiges einer Großmacht.[146]"

Von Hötzendorf plante, Serbien als Staat zu eliminieren. Nach seinen Wünschen würde Serbien entweder durch die Monarchie einverleibt oder aufgeteilt unter den umliegenden Balkanstaaten.

> „Conrads Pläne, den Augenblick zu nutzen, um Serbien endgültig niederzuwerfen und als Staat auszulöschen, sei es durch Annexion, sei es durch Aufteilung unter seine Nachbarn, waren zu diesem Zeitpunkt völlig unrealistisch."[147]

Der Österreichische Kaiser setzte den Angriff auf Serbien, trotz drohender Mobilisation Russlands fort, welche ein sicheres Zeichen für Krieg darstellte. Im vollen Bewusstsein dieser Tatsache wiederholte er seine Bitte, dass Deutschland kriegerische Handlungen gegen Russland aufnehmen sollte:

---

[145]Vgl Mayer, Arno; Domestic Causes of the First World War, in: The Responsibility of Power: Historical Essays in Honor of Hajo Holborn, London, 1968, S. 295-296

[146]Conrad von Hötzendorf, Franz, and Franz C. Hötzendorf: *Aus Meiner Dienstzeit,* Band IV, S. 30-32: *1906-1918,* 1921.

[147] Fischer, Fritz: *Krieg der Illusionen*, S. 308

‚Die im Zuge befindliche Aktion meiner Armee gegen Serbien kann durch die bedrohliche und herausfordernde Haltung Rußlands keine Störung erfahren. Eine neuerliche Rettung Serbiens durch Russlands Intervention müßte die ernstesten Folgen für meine Länder nach sich ziehen"[148]

Es drängt sich ein Vergleich mit dem Untergang der Titanic 1912 auf: Das größte und modernste Schiff kann untergehen, auch wenn es ein Wunderwerk der Technik ist, wenn man die Bedingungen der Wirklichkeit missachtet. Dies tat von Hötzendorf jedoch, wie sein leichtfertiger Vergleich des Kriegs mit einem Kartenspiel in einem Casino zeigt:

> „1908/09, und selbst noch 1912/13 wäre uns ein zielbewußtes erfolgreiches Vorgehen gegen Serbien möglich gewesen, jetzt 1914 standen wir unter dem Zwang eines uns aufgedrängten, unvermeidlichen Notwehraktes. Dem mir seit langem befreundeten Herrn Leopold Baron Chlumecky gegenüber äußerte ich damals: „Im Jahre 1908/09 wäre es ein Spiel mit aufgelegten Karten gewesen, 1912/13 noch ein Spiel mit Chancen, jetzt ist es ein Vabanque-Spiel."[149]

In einem Brief vom 18. Juli 1914 an den Botschafter in London Lichnowsky, hat der Staatssekretär des Auswärtigen Amtes Jagow die Meinung des Kaisers, Bethmann-Hollwegs und Moltkes sehr gut zum Ausdruck gebracht. Jagow zeigt, dass die Deutschen ihre Pläne um jeden Preis durchführen wollten. Alle Hinweise, dass sie sich möglicherweise irren könnten, wurden für nichtig erklärt."[150]

---

[148]Baumgart, Winfried (Hrsg): *Die Julikrise und der Ausbruch des Ersten Weltkrieges. Auf der Grundlage der von Erwin Hölzle herausgegebenen >> Quellen zur Erforschung des Ersten Weltkriegs. International Dokumente 1901 – 1914<< für den Studiengebrauch bearbeitet von Winfried Baumgart.* Quellentexte zur neueren und neuesten Geschichte, Texte zur Forschung, Band 44, Darmstadt, 1983, Nr. 149, S. 219
[149] Conrad von Hötzendorf: *Aus meiner Dienstzeit*, Band IV, S. 72
[150] *Die deutschen Dokumente zum Kriegsausbruch. Vollständige Sammlung der von Karl Kautsky zusammengestellten amtlichen Aktenstücke mit einigen Ergänzungen. Im Auftrage des Auswärtigen Amtes nach gemeinsamer Durchsicht mit Karl Kautsky,* herausgegeben von Graf Max Montgelas und Prof. Walter Schücking, Charlottenburg, 1919, Band I, S. 99, Nr. 72. Hier ein längerer Abschnitt aus dem Brief: „…Österreich will sich jetzt mit Serbien auseinandersetzen und hat uns dies mitgeteilt. Während der ganzen Balkankrise haben wir mit Erfolg im Sinne des Friedens vermittelt, ohne Österreich dabei in kritischen Momenten zur Passivität gezwungen zu haben…wir (sind) trotzdem — zu Unrecht — in Österreich vielfach der Flaumacherei beschuldigt, … Wir müssen sehen, den Konflikt zwischen Österreich und Serbien zu lokalisieren. Ob dies gelingen kann, wird zunächst von Russland und in zweiter Linie von dem mäßigenden Einfluß seiner Ententebrüder abhängen. … Frankreich und England werden jetzt auch den Krieg nicht wünschen. … Läßt sich die Lokalisierung nicht erreichen und greift Rußland Österreich an, so tritt der casus foederis ein, so können wir Österreich nicht opfern. … Sir Grey spricht

Lichnowsky hat die Lage realistischer betrachtet, aber Lichnowsky war nicht zuständig für die Politik. Er fand wenig Gehör beim Kaiser und Bethmann-Hollweg oder bei Jagow und schon gar nicht bei Moltke. Ein Kollaps Österreich-Ungarns stand für ihn nicht unmittelbar vor. Er glaubte auch nicht, dass die Bewältigung innerer Krisen durch aggressive Außenpolitik zu lösen waren. Er berief sich auf Bismarck, der schon vor einem Präventivkrieg gegen Russland gewarnt hatte und warnte auch dass eine Lokalisation eines Kriegs mit Serbien nie gelingen könnte. Seine Antwort an Jagow demonstriert eine völlig andere Beurteilung der Lage.[151] Manche im Ausland dienenden deutschen Beamten erkannten die Zeichen der gefährlichen Selbsttäuschung der deutschen Reichsregierung und der Militärs. Aber die Übereinstimmung im Berliner Kreis hinderte diesen daran, die Gesamtlage und die möglichen Reaktionen Englands, Russlands und Frankreich korrekt einzuschätzen. Der US-amerikanische Historiker Arno Mayer nennt drei Merkmale der damaligen beteiligten Staatsmänner in der Julikrise, welche Bethmann-Hollwegs Verhalten und seine Einschätzung der Lage beschreiben:

---

immer von dem Gleichgewicht, das durch die beiden Mächtegruppen hergestellt wird. Er muß sich daher auch klar darüber sein, daß dieses Gleichgewicht total in die Brüche ginge, wenn Österreich von uns lächiert und von Rußland zertrümmert würde, und daß das Gleichgewicht auch durch einen Weltbrand erheblich ins Wanken gebracht würde. Er muß daher, wenn er logisch und ehrlich ist, uns beistehen…"
[151] *Die deutschen Dokumente zum Kriegsausbruch. Vollständige Sammlung der von Karl Kautsky zusammengestellten amtlichen Aktenstücke mit einigen Ergänzungen. Im Auftrage des Auswärtigen Amtes nach gemeinsamer Durchsicht mit Karl Kautsky*, herausgegeben von Graf Max Montgelas und Prof. Walter Schücking, Charlottenburg, 1919, Band I, S. 175, Nr. 161, Hier auch ein längerer Zitat aus dem Brief: „Ob man uns in Wien der Flaumacherei beschuldigt, ist doch vollkommen gleichgültig; geschimpft wird über uns dort stets, und mit der berühmten Nibelungentreue werden wir nachträglich doch nur ausgelacht. An den baldigen Zerfall Österreichs glaube ich aber ebenso wenig wie an die Möglichkeit, der inneren Schwierigkeiten durch eine aktive Auslandspolitik Herr zu werden. Das südslawische Nationalgefühl und das Bedürfnis, sich zusammenzuschließen, kann durch einen Krieg nicht vernichtet werden und werden vielleicht nur umso heftiger in die Erscheinung treten. Durch ein aktives Vorgehen Österreichs aber werden gerade die Balkanstaaten noch mehr der russischen Hegemonie in die Arme getrieben während sie sonst, wie das Beispiel von Rumänien und auch von Bulgarien zeigt, die Tendenz haben, sich auf eigene Füße zu stellen. Solange ich mich entsinnen kann, d. h. solange ich mit der Diplomatie in Fühlung stehe, und das sind nun beinahe 30 Jahre, kann ich mich erinnern, daß es hieß, Rußland sei nicht fertig, werde aber in einigen Jahren fertig sein, und daß der Generalstab beunruhigt sei. Und immer war es nicht fertig, wenn diese Jahre herankamen, und so wird es auch wohl in Zukunft sein. Ebenso habe ich immer wieder die Frage des sogenannten prophylaktischen Kriegs erörtern hören. Schon Bismarck stand diesem Gedanken sehr skeptisch gegenüber und sagte zu Waldersee und anderen Herren Militärs, die ihm die Notwendigkeit des prophylaktischen Krieges klar machen wollten, er könne sich ohne Beweise nicht überzeugen lassen, und Beweise konnte niemand ihm liefern. Ich glaube auch heute nicht, daß wir mit Rußland einen Krieg werden führen müssen, wenn unsere Politik geschickt geleitet wird, am allerwenigsten aber glaube ich. daß durch einen prophylaktischen Krieg etwas anderes zu erreichen wäre, als daß wir uns bestenfalls einen zweiten Nachbarn zum unversöhnlichen Feind gemacht hätten."

„they made grave mistakes in diplomatic tactics... they miscalculated the responses of potential enemies...and they pursued objectives that were incompatible with the maintenance of the European equilibrium."[152]

War der Fortbestand Österreich-Ungarns durch die Machtverschiebung auf der Balkanhalbinsel bedroht? Christopher Clark kommt zu der Überzeugung, dass Kaiser Franz Joseph und sein Kabinett in der Einschätzung richtig lagen, dass es für Österreich-Ungarn strategisch unverzichtbar war, eine Aktion gegen Serbien zu wagen.[153] Die militärische Gegenmaßnahme seitens Russlands, an die man in Berlin und Wien nicht glauben wollte, machte den Konflikt über Serbien unvermeidbar zum Konflikt Europas.

Unter der Formel, „Gleichgewicht auf der Balkanhalbinsel - Gleichgewicht in Europa" weist Adolf Gasser darauf hin, dass der Balkan für das Gleichgewicht in Europa von hoher Bedeutung war. Der Angriff auf Serbien bedeutete einen Versuch die Kontrolle über die ganze Halbinsel und letztlich auch womöglich über Konstantinopel zu gelangen.[154]

9. Das Ende vom Lied

Das Klischee vom Funken im Pulverfass ist wohl bekannt und doch ist seine Bedeutung in Überblicksdarstellungen des Ersten Weltkriegs nur schwer, nahezu überhaupt nicht nachvollziehbar. Denn betrachtet man den Verlauf der Ereignisse lediglich oberflächlich, ist kein eindeutiger Grund für den Kriegsausbruch ausgerechnet zu diesem Zeitpunkt ersichtlich. Vor dem Hintergrund der in dieser Arbeit gegenüber gestellten Entwicklungen wird jedoch verständlich, warum ein bestimmtes Attentat unter vielen schließlich wie ein Funken in einem Pulverfass wirkte. Österreich-Ungarn, Russland, Deutschland und Serbien unterhielten auf unterschiedliche Arten und Weisen Ansprüche auf die Balkangebiete, politisch, strategisch und wirtschaftlich. Frankreich erhoffte sich, durch die Stärkung des Bündnispartners Russland eine Versicherung für den Fall eines deutschen Angriffs zu erkaufen.

---

[152]Mayer, Arno: *Domestic Causes of the First World War*, in: *The Responsibility of Power. Historical Essays in Honor of Hajo Holborn*, London, 1968, S. 287
[153] Clark, Christopher: *The Sleepwalkers. How Europe went to War in 1914*, London, 2012, S. 558
[154] Gasser: *Präventivkrieg*, S. 196

Großbrittanien war, vor dem Hintergrund seiner Aktivitäten in Ägypten und seinem wirtschaftlichen Interesse an der Kontrolle über den Suez-Kanal, tatsächlich nicht unbedingt an einer Erhaltung des Status Quo interessiert sofern es die Machterhaltung des Osmanischen Reiches betraf.[155] Sein Interesse am Gleichgewicht der Mächte war auf die Ordnung unter den europäischen Großmächten beschränkt. Österreich-Ungarn und Russland und ihre Beziehung untereinander waren die treibenden Kräfte des großen Krieges. Ihr Verhalten mag als Konkurrenz oder Rivalität erscheinen. Tatsächlich waren sie aneinander jedoch nicht interessiert. Österreich-Ungarn wollte lediglich die Macht erhalten, dies es besaß. Sein Wunsch nach Kontrolle auf dem Balkan ist im Sinne einer Befestigung der eigenen Reichsgrenzen zu verstehen. Russland hatte dagegen expansive Ziele, welche grundsätzlich aber Österreich-Ungarn nicht eigentlich berührten. Denn Russland ging es zu allen Zeiten lediglich darum, den eigenen Seeweg über die Meerengen abzusichern. Beide Reiche gerieten einander jedoch bei der Verfolgung ihrer jeweiligen, grundsätzlich voneinander vollkommen unabhängigen, Ziele schließlich in Bosnien-Herzegowina ins Gehege. Das Schulbuch-narrativ vom Funken im Pulverfass bedient sich bei der Erläuterung dieses Bildes häufig der Logik einer Kettenreaktion: Als Russland in den Krieg gegen Österreich-Ungarn zog, wurde dessen Bündnispartner Frankreich in den Krieg hineingezogen, was wiederum in den Augen der Deutschen die deutsche Kriegsbeteiligung erforderlich machen würde.

Diese Kettenreaktion erklärt jedoch nicht wirklich das Bild der Explosion eines Pulverfasses, sondern veranschaulicht höchstens eine Lunte. Die in dieser Arbeit dargestellten Verhältnisse auf dem Balkan mit ihrer Vielzahl an unterschiedlich motivierten „Spielern" zeigen deutlich die flächige Gefahr. Die zahlreichen, oft undurchsichtigen Verwicklungen waren tatsächlich von einer explosiven Dynamik und lassen sich statt mit einer Pulverfass auch gut mit

---

[155] Dieses britische Interesse an einer Schwächung des Osmanischen Reiches trat allerdings erst später, mit der Unterzeichnung des Sykes-Picot Abkommens zu Tage. Vgl.: Hottinger, Arnold: *Der Geist von Sykes-Picot*, Neue Zürcher Zeitung vom 27.05.2016, gefunden auf https://www.nzz.ch/international/nahost-und-afrika/imperiale-grenzen-im-nahen-osten-der-geist-von-sykes-picot-ld.85005 am 09.05.2020

einem trockenen Waldboden im Hochsommer vergleichen. Der Brand griff in alle Richtungen um sich und das Ergebnis war entsprechend katastrophal.

Das Feuer in Europa brach an der schwächsten Stelle des europäischen Staatensystems aus. In Südosteuropa waren die Bedingungen für das Feuer günstig. Wenn die Ursachen rechtzeitig behoben worden wären, wäre der Brand nie ausgebrochen.[156] Auf dem Balkan lastete aber noch das Gewicht von mehr als 500 Jahren des Kulturkampfs zwischen den Völkern, der bis zur Entstehung des Osmanischen Reiches und der Habsburger Dynastie zurückreichte. Die Schicksale dieser beiden Reiche waren im Verlauf der Geschichte miteinander verwachsen. Damit bedingte der Untergang des einen, der Untergang des anderen. Die so genannte „Orientalische Frage", wie es in der europäischen Sprache des 19. Jahrhunderts hieß, die durch das Zurückweichen des Osmanischen Reiches aus dieser Region aufgekommen war, wurde nie friedlich beantwortet. In der Literatur über das Zeitalter des Imperialismus sowie in der allgemeinen Kriegsursachenliteratur finden sich viele mögliche Wendepunkte, die zu kriegslosen Alternativen hätten führen können. Der Berliner Kongress war die letzte internationale Konferenz der Diplomatie im Zeitalter der alten imperialistischen Großmächte. Es gelang den Teilnehmern bei dieser letzten Gelegenheit nicht, Europa zur Ruhe zu bringen. Andererseits brachte eine Vielzahl von Ereignissen die meisten Beobachter zu der Einschätzung, dass es zum „Brand" auf dem Balkan kommen würde, welcher unausweichlich zur Katastrophe in Europa führen musste.

Geopolitisch bestand eine Art auf dem Kopf gestellte Pyramide. Die breite Basis der Pyramide, Deutschland und Russland, übten Druck auf die Mitte der Pyramide, Österreich-Ungarn, aus. Österreich-Ungarn übte Druck auf die Spitze der Pyramide, den Balkan, aus. Alles drängte in Richtung Konstantinopel: Russland über die Meeresengen und Deutschland über die Landbrücke der Balkanländer. Österreich-Ungarn, das einst durch die Ausbreitung des Osmanischen bedroht war, fühlte sich nun in seiner Großmachtstellung durch

---

[156]Siehe Afflerbach, Holger u. Stevenson, David, An Improbable War? The Outbreak of World War I and European Political Culture Before 1914, New York 2007. In der Literatur wird erwähnt, dass es gerade in 1914 Zeichen der Entspannung gegeben hat und sich kurzfristig bessere Beziehungen zwischen den an dem Krieg beteiligten Großmächten anzubahnen schienen.

die Unabhängigkeitsbestrebungen in den neuen Balkanstaaten bedroht. Einen Teil seiner Großmachtstellung hatte Österreich-Ungarn bereits durch Verluste an Italien eingebüßt. 1914 spürte die Monarchie nun wieder ihre Schwäche. Der Zusammenhalt des Vielvölkerstaates war an der südlichen Grenze durch die Erfolge der Balkanstaaten im Ersten und Zweiten Balkankrieg existenziell bedroht. Österreich-Ungarn fühlte sich an der nordöstlichen Grenze von der russischen und serbischen panslawischen Idee bedroht. Außerdem erfuhr Österreich-Ungarn nicht wirklich Schutz oder Unterstützung durch seine deutschen Vettern. Diese hatten eigentlich immer nur ihre eigenen wirtschaftlichen und strategischen Interessen verfolgt und die Sorgen Österreich-Ungarns hintangestellt. Eine weitere Kraft welche an der Basis der Pyramide wirkte, war das Bündnis Frankreichs mit Russland gegen die Machtinteressen Deutschlands. Englands Interessen lagen geopolitisch an der östlichen Basis dieser Pyramide im Orient und in Asien. Sie waren gegen die Wirtschafts- und Machtinteressen Russlands gerichtet und erfuhren erst relativ kurz vor dem Ausbruch des Krieges durch den Einfluss der französischen Entente-Politik eine Entschärfung ihres Konfliktpotenzials.

Russlands Außenpolitik war insgesamt widersprüchlich. Es war oft unklar wer die Richtung angab. War es Sasonow oder Neratow oder waren es die jeweiligen Botschafter in London, Paris, Berlin, Wien, Belgrad und Sofia? Gegenüber der Türkei war keine klare zentral einheitliche Steuerung der russischen Außenpolitik auf dem Balkan in den Jahren 1911 bis 1914 erkennbar. So war es den anderen Großmächten nicht möglich, eine zuverlässige Einschätzung zur Reaktion Russlands auf das Vorpreschen Österreich-Ungarns auf dem Balkan zu treffen. Die bitteren Territorialkämpfe zwischen den Serben und Bulgaren sowie zwischen den Griechen und Türken, welche für die vielen Bevölkerungsgruppen auf dem Balkan und insbesondere in Mazedonien verheerend waren, vermochte keine Großmacht Europas zu schlichten. Russlands und Österreich-Ungarn hatten Versuche unternommen, die Loyalität der neu entstandenen Nationen jeweils für sich zu gewinnen, mit dem Ziel diese von außen zu steuern. Diese Versuche wurden jedoch nie von Erfolg gekrönt.

Als schließlich das Einverständnis zwischen Russland und Österreich über die Verteilung und den Ausgleich der Machtverhältnisse auf der Balkanhalbinsel nicht mehr möglich war, brachen zunächst die beiden Balkankriege aus und danach der Krieg zwischen Österreich-Ungarn und Serbien. Die Kriegserklärung Österreich-Ungarns an Serbien war der Begin eines Kriegs, den man den dritten Balkankrieg nennen kann. Im Zusammenhang mit der damaligen europäischen Bündnispolitik, machte die Beteiligung Russlands an den Streitigkeiten diesen Krieg zum Weltkrieg.

Damit war Balkan der zentrale Platz der Entstehung des Ersten Weltkrieges, welcher kurz nach dem Beginn des so genannten Dritten Balkankrieges ausgebrochen ist. Die ungelösten geopolitischen Fragen, die durch den Machverlust des Osmanischen Reiches auf der Balkanhalbinsel aufgekommen waren, führten zur Konkurrenz Russlands und Österreich-Ungarns um die Ausfüllung dieses Machtvakuums.

Der Konflikt reichte bis in die Antike zurück: Wer würde Erbe des Römischen Reiches und wo sollte die Hauptstadt liegen? War es Rom oder doch Konstantinopel? Was für eine Rolle spielte die alte Zivilisation Griechenlands? Wer würde obsiegen in diesem Konflikt, die Protestantischen Hohenzollern in Berlin, die Katholischen Habsburger in Wien, die Osmanischen Muslime in Konstantinopel oder die Griechisch-Orthodoxen in St. Petersburg? Die Antworten sind stets ausgeblieben. Auf dem Balkan gab es Begegnungen zwischen Ost und West und verfeindete Nationen. Der Konflikt trieb die Geschichte an und bestimmte das Verhalten der Nationen.

Österreich-Ungarns Strategien des Abwartens bis sich eine günstige Konstellation ergab oder mit Hilfe von Deutschland Russland den Einfluss am Balkan zu verwehren und gleichzeitig Zwietracht zwischen den Balkanländern zu säen, versagten und mündeten im Krieg. Sie verwehrten den Südslawen die Emanzipation. Es gab Verfall, Prestigeverlust und Angst. Die Angst schlug in Hass um und anstatt zusammen zu arbeiten haben die Großmächte versucht, ihren Willen in Alleingängen durchzusetzen. Es war zu diesem Zeitpunkt keine klare militärische Übermacht auf einer der Seiten auszumachen. Daher widersprach die Idee eines gegenseitigen Angriffs der Logik des zweiten Modus der imperialistischen Krisenpolitik von der eindeutigen Durchsetzung der Interessen einer Seite durch militärischen Angriff gegen die andere, sofern es die Konflikte zwischen den Großmächten betraf. Dass diese Einschätzung exakt der Realität entsprach, zeigte sich auf grausame Weise in den unvorstellbaren Stellungskriegen.

Mit dem Ringen zwischen Imperialismus und Nationalstaatsprinzip begann in Europa eine sehr lange Kette von katastrophalen Kriegen und Spannungen. Die Spannungen sind bis heute nicht völlig gelöst. Die ungelöste Balkanfrage und die Begegnung zwischen Ost und West, zwischen den nahezu gleich alten Dynastien der Osmanen und Habsburger (13. bis 20. Jahrhundert), hinterlassen bis heute spürbare Gebietsstreitigkeiten. Das zeigen die aktuellen Verhandlungen zwischen Serbien und dem Kosovo über die endgültige Unabhängigkeit des Kosovo von Serbien oder die gerade abgeschlossenen Verhandlungen über die Namenstreitigkeiten zwischen Griechenland und Nord Mazedonien.

Anstatt nach dem Ersten Weltkrieg gemeinsam nach Antworten zu suchen, haben die Nationen wieder im Alleingang versucht, die Lösung des Rätsels zu finden. Der Weltkrieg wurde mit den Mitteln der Diplomatie in Form des Vertrags von Versailles fortgesetzt. Dabei haben die Siegermächte weiter gemacht wie im Krieg, ohne mit den Besiegten zu reden. Eine Zusammenarbeit durch eine Kommission aller Länder um eine Aufarbeitung des Ausbruches und des Kriegs fehlte damals und eine Aufarbeitung des Krieges und eine Ausgabe eines Gesamtwerks durch eine gemeinsame Kommission von Wissenschaftlerinne_n aus all den am Krieg beteiligten Ländern fehlt bis heute.

Literaturverzeichnis

Quellentexte

Baumgart, Winfried (Hrsg): *Die Julikrise und der Ausbruch des Ersten Weltkrieges. Auf der Grundlage der von Erwin Hölzle herausgegebenen >> Quellen zur Erforschung des Ersten Weltkriegs. International Dokumente 1901 – 1914<< für den Studiengebrauch bearbeitet von Winfried Baumgart. Quellentexte zur neueren und neuesten Geschichte, Texte zur Forschung, Band 44*, Darmstadt, 1983

Afflerbach, Holger u. Stevenson, David: *An Improbable War? The Outbreak of World War I and European Political Culture Before 1914*, New York 2007

Conrad von Hötzendorff: *Aus meiner Dienstzeit 1906 -1908, Vierter Band, 24 Juni 1914 bis 30 September 1914. Die politischen und militärischen Vorgänge vom Fürstenmord in Sarajevo bis zum Abschluß der ersten Offensive gegen Serbien und Rußland*, Wien, 1923,

Diplomatische Aktenstücke zur Vorgeschichte des Krieges 1914. Herausgegeben vom Staatsamt für Äußeres in Wien, Erster Teil, 28. Juni bis 23. Juli 1914, Berlin, 1922,

Geiss, Imanuel: *Julikrise und Kriegsausbruch 1914. Eine Dokumentensammlung*, Bd. I. (2. verb. Aufl.), Bonn-Bad Godesberg, 1976,

Kautsky, Karl: *Die deutschen Dokumente zum Kriegsausbruch Vollständige Sammlung der von Karl Kautsky zusammengestellten amtlichen Aktenstücke mit einigen Ergänzungen. Im Auftrage des Auswärtigen Amtes nach gemeinsamer Durchsicht mit Karl Kautsky*, herausgegeben von Graf Max Montgelas und Prof. Walter Schücking, Charlottenburg, 1919, Band I

Lepsius, Johannes, Bartholdy, Albrecht Mendelssohn Thimme, Friedrich (Hsgr*): Die Große Politik der europäischen Kabinette 1871–1914. Sammlung der Diplomatischen Akten des Auswärtigen Amtes Bd. 12.1, Alte und neue Balkanhändel 1896 - 1899*, Berlin, 1924

Lepsius, Johannes, Bartholdy, Albrecht Mendelssohn Thimme, Friedrich (Hsgr*): Die Große Politik der europäischen Kabinette 1871–1914. Sammlung der Diplomatischen Akten des Auswärtigen Amtes, Band 34, Die Londoner Botschafterreunion und der Zweite Balkankrieg, 1912 - 1913, Zweite Hälfte*, Berlin, 1926

Novotny, Alexander: *Quellen und Studien zur Geschichte des Berliner Kongresses 1878. I. Band, Österreich, die Türkei und das Balkanproblem im Jahre des Berliner Kongresses. (= Veröffentlichungen der Kommission für neuere Geschichte Österreichs, Bd. 44)*, Graz, 1957

Vertrag zwischen Deutschland, Oesterreich-Ungarn, Frankreich, Großbritannien, Italien, Rußland und der Türkei. Fundstelle: Deutsches Reichsgesetzblatt Band 1878, Nr. 31, Seite 307 - 345, Fassung vom: 13. Juli

1878, Bekanntmachung:, 11. September 1878, Wiki Source, https://de.wikisource.org/wiki/Vertrag_zwischen_Deutschland,_Österreich-Ungarn,_Frankreich,_Großbritannien,_Italien,_Rußland_und_der_Türkei._(Berliner_Vertrag) Abgerufen am 16.05.2020

Sekundärliteratur

Albertini, Luigi: *The Origins of the War 1914. Volume I. European Relations from the Congress of Berlin to the Eve of the Sarajevo Murder,* London, 1952

Albertini, Luigi: *The Origins of the War 1914. Volume II. The Crisis of July 1914. From the Sarajevo Outrage to the Austro-Hungarian General Mobilization,* London 1953

Anderson, Matthew: *The Eastern Question: 1774 – 1923. A Study in International Relations,* London, 1966

Angelow, Jürgen (Hrsg.): *Der Erste Weltkrieg auf dem Balkan. Perspektiven der Forschung,* Berlin-Brandenburg, 2011

Angelow, Jürgen: *Der Weg in die Urkatastrophe. Der Zerfall des alten Europa 1900 – 1914,* Berlin-Brandenburg, 2010

Apostolova, Stanislava: *Das Mürzsteger Reformprogramm (1903 -1908) in der österreichisch-ungarischen Politik,* in: *Bulgarian Historical Review: Research Quarterly; Organ of the Institute for Historical Studies at the Bulgarian Academy of Sciences = Revue bulgared'histoire*

Barkey, Karen und Hagen, Mark von (Hrsg.): *After Empire. Multiethnic Societies and Nation-Building. The Soviet Union and the Russian, Ottoman, and Habsburg Empires [... result of a conference convened at Columbia University in November 1994.],* Boulder, Colo. 1997.

Bickel, Otto: *Rußland und die Entstehung des Balkanbundes 1912. Ein Beitrag zur Vorgeschichte des Weltkrieges. Dargestellt vorwiegend auf Grund des amtlichen Aktenmaterials,* Reihe: *Osteuropäische Forschungen. Im Auftrag der Deutschen Gesellschaft zum Studium Osteuropas herausgegeben von Otto Hoetzsch, Neue Folge, Band 14,* Königsberg Pr. und Berlin, 1933

Bischof, Günter (Hrsg.): *1914: Austria-Hungary, the origins, and the first year of World War I,* New Orleans, La., Innsbruck, 2014, *Contemporary Austrian studies,* Bd. 23

Bobroff, Ronald: *Behind the Balkan Wars: Russian Policy toward Bulgaria and the Turkish Straits, 1912-13.* In: *The Russian Review,* Vol. 59, No. 1 (Jan., 2000),

Bridge, F. Roy: *Tarde venientibusossa. Austro-Hungarian Colonial Aspirations in Asia Minor 1913-14,* in: *Middle Eastern Studies,* Band 6, Jahr 1970

Clark, Christopher: *The Sleepwalkers. How Europe went to War in 1914*, London, 2012

Fellner, Fritz, Maschl, Heidrun, Mazohl-Wallnig,Brigitte (Hrsg): *Vom Dreibund zum Völkerbund. Studien zur Geschichte der internationalen Beziehungen 1882-1919*, München/Wien, 1994

Fellner, Fritz: *Die „Mission" Hoyos,* in: *Velike sile i Srbija pred Prvi svetski rat,* Beograd, 1976, S. 387 - 419

Fischer, Fritz: *Krieg der Illusionen. Die deutsche Politik von 1911 bis 1914,* Düsseldorf, 1969

Fischer, Fritz: *Griff nach der Weltmacht. Die Kriegszielpolitik des kaiserlichen Deutschland 1914/1918, Sonderausgabe,* Düsseldorf, 1967

Gasser, Adolf: *Preussischer Militärgeist und Kriegsentfesslung 1914,* Frankfurt am Main 1985

Gasser, Adolf: *Deutschlands Entschluss zum Präventivkrieg 1913/1914, Sonderdruck aus Discordia Concors, Festschrift für Edgar Bobjour,* Basel, 1968

Geiss, Imanuel: *Die deutsche Politik gegenüber Serbien in der Julikrise,* in: *Čubrilovič, Vasa,[Hrsg.], Velikesile i Srbija pred prvi svetski rat: zbornik radova prikazanich na Medunarodnom naučnom skupu Srpske Akademije Nauka i Umetnosti, održanomod 13-15. septembra 1974. godine u Beogradu= Les grandes puissances et la Serbie à la veille de la première guerre mondiale. Recueil des travaux présentés aux Assises scientifiques internationales, 13-15 septembre 1974 à Belgrade, 1976*

Geiss, Imanuel: *Die manipulierte Kriegsschuldfrage Deutsche Reichspolitik in der Julikrise1914 und deutsche Kriegsziele im Spiegel des Schuldreferats des Auswärtigen Amtes, 1919 -1931,* in: *Militärgeschichtliche Mitteilungen,* MGM / hrsg. vom Militärgeschichtlichen Forschungsamt, Jahrgang1983, Band 34, Heft 2 München, 1983, S 31 -60

Gutsche, Wilibald: *Serbien in den Mitteleuropaplänen des deutschen Imperialismus am Vorabend des ersten Weltkrieges,* in: *Zeitschrift für Geschichtswissenschaft,* 1975, Band 23, Heft 1

Helmreich, Ernst Christian: *The Diplomacy of the Balkan Wars 1912-1913,* New York, 1969

Hantsch, Hugo: *Die Geschichte Österreichs, Sonderausgabe, Bd II,* Graz 1994

Hottinger, Arnold: *Der Geist von Sykes-Picot,* Neue Zürcher Zeitung vom 27.05.2016, gefunden auf https://www.nzz.ch/international/nahost-und-afrika/imperiale-grenzen-im-nahen-osten-der-geist-von-sykes-picot-ld.85005 am 09.05.2020

Jelavich, Barbara: *Russia's Balkan entanglements 1806 – 1914*, Cambridge, 1991

Kanner, Heinrich: *Kaiserliche Katastrophenpolitik. Ein Stück zeitgenössischer Geschichte*, Leibzig, 1922

Kleinwächter, Friedrich: *Die Annexion Bosniens und der* Herzegowina, in: *Zeitschrift für Politik, Jahrgang 1910, Bd 3*

Krieger, Leonard, Stern, Fritz: *The Responsibility of Power: Historical Essays in Honor of Hajo Holborn*, Garden City, 1967

Lieven, Dominic: *Towards the Flame. Empire, War and the End of Tsarist Russia*, London 2015

Mayer, Arno: *Domestic Causes of the First World War*, in: Krieger, Leonard, Stern, Fritz: *The Responsibility of Power: Historical Essays in Honor of Hajo Holborn*, Garden City, 1967

McMeekin, Sean: *The Russian Origins of the First World War*, Cambridge, 2011

Melville, Ralph und Schröder, Hans-Jürgen (Hrsg.): *Der Berliner Kongreß von 1878. Die Politik der Großmächte und die Probleme der Modernisierung in Südosteuropa in der zweiten Hälfte des 19. Jahrhunderts. (= Veröffentlichungen des Instituts für europäische Geschichte Mainz Beiheft Abt. Universalgeschichte, Bd. 7)*, Wiesbaden, 1982

Mombauer, Annika; *The Fischer Controversy 50 years on*, in: *Journal of Contemporary History*, Vol. 48, Nr. 2

Mosley, Philip E.: *Russian Policy in 1911 -12. Rezension von Band XVIII, Teil 1 und 2 und Band XIX, Teil 1 und 2. (International relations in the epoch of imperialism. Documents from the archives of the imperial and provisional governments, 1878-1917, 2nd series (1900-1913) erschienen in* 1938, in: *The Journal of Modern History*, Vol 12, No. 1 (Mar 1940)

Novotny, Alexander: *Der Berliner Kongress und das Problem einer europäischen Politik*, in: *Historische Zeitschrift*, 1958, Vol.186, S. 285-307

Riezler, Kurt (Alias J.J. Ruedorffer), *Grundzüge der Weltpolitik in der Gegenwart,* Stuttgart und Berlin, 1914,

Rumpler, Helmut: *Die Rolle der Dynastie im Vielvölkerstaat des 19. Jahrhunderts,* in: Herwig Wolfram; Pohl Walter (Hrsg.): *Probleme der Geschichte Österreichs und ihrer Darstellung = Veröffentlichungen der Kommission für die Geschichte Österreichs/Österreichische Akademie der Wissenschaften, Bd. 18*, Wien, 1991

Scherer, Friedrich: *Adler und Halbmond. Bismarck und der Orient 1878 - 1890*, München/Wien, 2001

Seton-Watson, R.W., *The Murder at Sarajevo*, in: *Foreign Affairs*, 1 April 1925, Vol.3 (3)

Thörner, Klaus: *"Der ganze Südosten ist unser Hinterland".* *Deutsche Südosteuropapläne von 1840 bis 1945*, Freiburg, 2008

Walters, Eurof: *Austro-Russian Relations under Goluchowski, 1856 – 1906, Unpublished Documents*, in: *Slavonic and East European Review*, Jan 1, 1953; 32, S. 486 - 498

Wank, Solomon: *The Collapse of the Habsburg Empire: The Imperial Factor*, in: Barkey, Karen und Hagen, Mark von (Hrsg.): *After Empire. Multiethnic Societies and Nation-Building. The Soviet Union and the Russian, Ottoman, and Habsburg Empires [... result of a conference convened at Columbia University in November 1994.]*, Boulder, Colo. 1997.

Wawro, Geoffrey: *The Habsburg Flucht nach vorne in 1866: Domestic Political Origins of the Austro-Prussian War*, in: *The International History Review*, Jahrg. 1995, Band 17, Nr 2

Williamson, Samuel R.: *Austria and the Origins of the Great War. A Selective Historiographical Survey*, in: Bischof, Günter (Hrsg.): *1914. Austria-Hungary, the origins, and the first year of World War I*. New Orleans, La., Innsbruck. 2014 = *Contemporary Austrian studies*, Bd. 23

Wolfram, Herwig; Pohl Walter (Hrsg.): *Probleme der Geschichte Österreichs und ihrer Darstellung Reihe: Veröffentlichungen der Kommission für Geschichte Österreichs, Band: 18*, Wien, 1991

Zechlin, Egmont: *Zum Kriegsausbruch 1914 – die Kontroverse*, in: *Geschichte in Wissenschaft und Unterricht* 1984, Heft 4

Schematische Darstellung der politischen Lage der Balkanhalbinsel 1914

Römisch   Griechisch

England

Demokratie
Monarchie

Frankreich

Pan-
germanismus   Deutschland

Russland

Österreich-Ungarn

Pandawismus

serbien

Italien   Osmanisches Reich

Schematische Darstellung der geostrategischen Lage der Balkanhalbinsel 1914

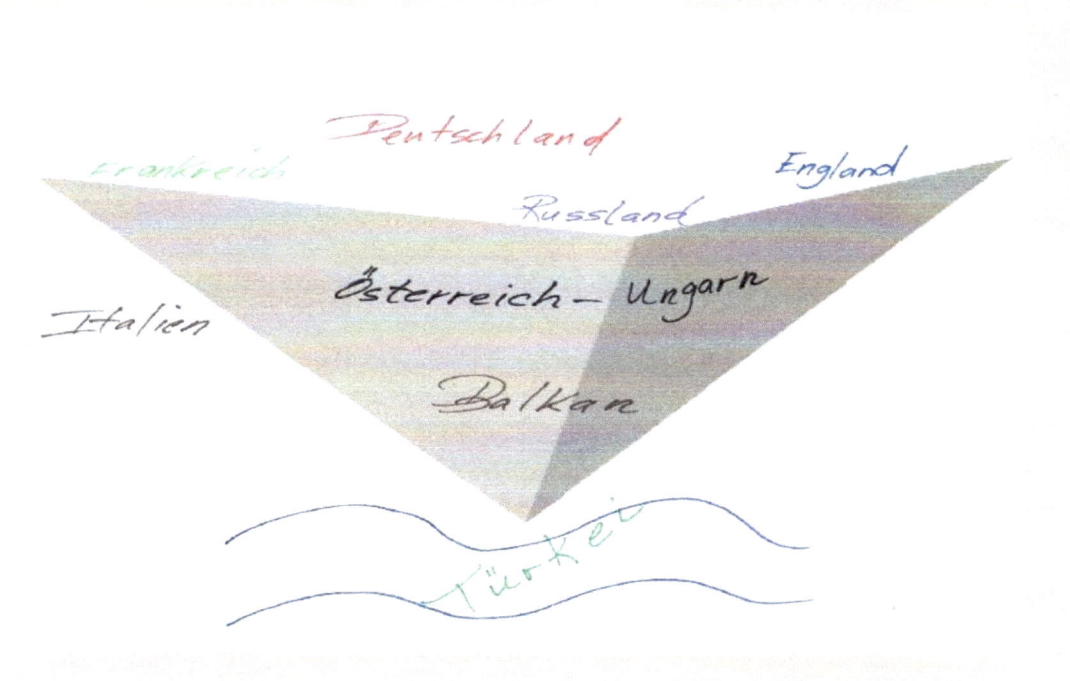

Frankreich   Deutschland   England

Russland

Italien   Österreich — Ungarn

Balkan

Türkei

Herstellung und Verlag: BoD – Books on Demand, Norderstedt
ISBN: 978-3-7534-2796-6